COLECCIÓN
Centinela

AF192782

SAINT GERMAIN

EL LIBRO DE ORO DE SAINT GERMAIN

Plutón
Ediciones

© Plutón Ediciones X, s. l., 2025

Traducción: Marie Mersoye

Diseño de cubierta y maquetación: Saul Rojas Blonval

Edita: Plutón Ediciones X, s. l.,

          E-mail: contacto@plutonediciones.com
          http://www.plutonediciones.com

Queda rigurosamente prohibida, sin la autorización escrita de los titulares del «Copyright», bajo las sanciones establecidas en las leyes, la reproducción parcial o total de esta obra por cualquier medio o procedimiento, comprendidos la reprografía y el tratamiento informático, y la distribución de ejemplares de ella mediante alquiler o préstamo públicos.

I.S.B.N: 979-13-87692-47-6
Depósito Legal: B-10305-2025

Impreso en España / Printed in Spain

ESTUDIO PRELIMINAR

Yo soy Dios,
Dios soy Yo
porque Yo soy
la divina presencia,
Hijo y Padre del Yo.
SAINT GERMAIN

El misterio ignoto del Conde de Saint Germain lleva más de dos siglos con nosotros, tanto que, incluso es posible, como muchos otros personajes y figuras míticas, que jamás haya existido.

Actualmente, se cuenta con un par de fechas, la de nacimiento, el 26 de mayo de 1693, y la de defunción, 27 de febrero de 1784 —un ser de Aire, Géminis de signo natal, y, probablemente, Acuario de ascendente según los entendidos en Astrología—, y con algunas referencias informales, pero no mucho más, oficialmente hablando, lo que no ha sido óbice para que su solo nombre dé lugar a un sinnúmero de leyendas, sobre todo desde la vertiente esotérica.

Hay otras fechas de nacimiento no muy lejanas a la principalmente propuesta, y para algunos, en realidad, no hay ninguna fecha de mortandad, y se cuenta en círculos esotéricos que sigue vivo entre nosotros, asesorando gobiernos y aconsejando a poderosos, además de darles claves mágicas para que sigan formando parte de las élites mundiales.

Su presencia en muchas cortes a la vez, en tiempos casi imposibles de cubrir por las infraestructuras de aquella Europa, dieron pie a teorías como que o bien tenía el don de la ubicuidad, o bien había más de un Conde de Saint Germain, una fraternidad con el mismo nombre (Los Santos Hermanos) compuesta por caballeros muy sabios, eruditos y con dones esotéricos o mágicos.

Mitos aparte, morir a los 91 años en el siglo XVIII era suficiente para hacer de él un personaje interesante.

UN HOMBRE DE SU TIEMPO

El Conde de Saint Germain, el Santo Hermano, vivió en pleno siglo XVIII en una Europa que se desgajaba con el aumento de la burguesía, los nuevos ricos, las punzantes ideologías políticas y el salto de la producción industrial.

Ray Sol, el Conde de Saint Germain

Inglaterra era la gran potencia, pero el resto de Europa, sobre todo Francia y Alemania, no le iban a la zaga en las revoluciones económicas y políticas de su tiempo.

Saint Germain prefirió a Francia para su desarrollo vital, pero sus antecedentes biográficos lo sitúan en los mismos y misteriosos Cárpatos de Transilvania.

¿DESCENDIENTE DE VLAD TEPES?

Para algunos sí, para otros no, pero de linaje real, pues se le coloca como el hijo del último Príncipe de Transilvania, Francisco Rakoczi, y de la señora Teleky, lo que le permitió frecuentar las cortes europeas y hasta formar, en cierta forma, parte de ellas, pues sus habilidades esotéricas eran llamativas y sus consejos, intuiciones y visiones de futuro eran disputadas por la nobleza europea de aquel entonces.

Se cuenta que predijo la Revolución Francesa, y quien le hizo caso pudo huir de ella, y quienes no lo hicieron sufrieron las consecuencias.

Hay un Conde de Saint Germain en los anales francmasones de la época, pero pudo bien ser un apodo o pseudónimo, muy frecuentes entre los caballeros que se inscribían en la secta.

Según algunos estudiosos, él mismo era más conocido como el Maestro Ray Sol que como Saint Germain en las cortes europeas que visitaba con frecuencia para hacer vaticinios y dar conferencias esotéricas.

Tenía un gran porte, era carismático, perfectamente educado, capaz de tocar el violín y el clavecín con maestría, así como de llevar las más interesantes conversaciones de todos los temas.

Rasputín, ¿un Saint Germain de 200 años de edad?

Se cuenta que fue amigo personal tanto de Luis XV como del Zar Pedro el Grande y su esposa Catalina, aunque compararlo con Rasputín, como se atreven algunos, y que vivió un siglo más tarde, es, quizá, demasiada fantasía.

Biográficamente y bajo la firma del Conde de Saint Germain, se escribió solo un libro: *La santa trinosofía*, también llamada "muy santa" o "santísima" trinosofía, dependiendo de la editorial, pero hay muchos más libros que se le atribuyen, como *El libro de oro*, que les presentamos en esta ocasión.

LAS LEYENDAS SOBRE EL CONDE DE SAINT GERMAIN

Por extraño que parezca, sobre todo para aquellos que dudan de la existencia verdadera del Conde de Saint Germain, algunas de sus leyendas quedaron registradas en textos del siglo XVIII, sobre todo en la corte francesa, de la que era muy asiduo.

En esas leyendas se cuenta que el Conde era políglota, pues hablaba y entendía con fluidez todos y cada uno de los idiomas de las cortes europeas, desde el inglés y el holandés, hasta el francés y el rumano, sin dejar de lado el italiano, el español, el latín, el griego y el hebreo.

SAINT GERMAIN ETERNO

Su edad era todo un misterio, pues lució más o menos joven, apuesto, viril y fuerte hasta poco antes de su desaparición, o muerte.

Incluso, en una reunión cortesana, habló con una anciana condesa de cosas de la niñez de la noble, como si él hubiera estado presente sesenta o setenta años antes, algo increíble porque el conde no aparentaba más de cuarenta años en ese entonces, a mediados del siglo XVIII.

Cuando la condesa era niña, casi un siglo antes, Saint Germain no había nacido, así que era asombroso que conociera detalles de la infancia de la señora.

Este detalle llevó a otras especulaciones, como que Saint Germain posiblemente había estado en las Bodas de Canaán bíblicas, pues su conocimiento sobre las escrituras sagradas era impresionante.

Papus, ¿avatar de Saint Germain?

No faltó quien lo asimilara a otro esoterista de la época, aunque algo posterior a Saint Germain, el famoso doctor Gerard Encause, más conocido como Papus, al que físicamente no se parecía en nada, pero que, quizá, era una continuación del Conde, el cual podía cambiar de forma y de aspecto a voluntad para que nadie sospechara que en realidad era eterno.

SAINT GERMAIN POLÍTICO

La mística carismática de Saint Germain, ese atractivo especial que nadie podía explicar, nunca estuvo en contra de nada ni de nadie, por lo que cuentan que apoyaba tanto a la nobleza, en franca decadencia a finales del siglo XVIII, como a los liberales y burgueses, sobre todo si eran millonarios, por lo que no dudaba en blandir el lema de "libertad, igualdad y fraternidad", como en apostar por las nuevas y posibles formas de gobierno.

Saint Germain predijo la Revolución Francesa

Por ejemplo, a finales de 1745 estuvo a punto de ser encarcelado en Inglaterra, acusado de apoyar la causa de los Estuardo, pero solo fue arrestado según un informe policial: "un hombre extraño que se hace llamar *conde de Saint Germain*; no dice a nadie quién es ni de dónde viene. Admite que este no es su verdadero nombre, pero canta y toca el violín magníficamente; está loco", y quizá esa locura carismática fue la que incitó a los guardias a soltarle.

No falta quienes lo tachan de espía, mensajero o algo similar, y que, por ello, deambulaba de corte en corte, que servía a todos, y que por ello cobraba un buen sueldo de varias coronas.

Muchos coinciden en que, por lo menos, era consejero de diversas cortes, a las que aconsejaba el pragmatismo y la diplomacia, pues él mismo era pragmático y un buen diplomático, enemigo de los conflictos y los enfrentamientos, como las corrientes ideológicas del idealismo y del positivismo, tan habituales en el Siglo de las Luces, junto al humanismo que esperaba y deseaba la concordia, la paz y el bienestar para todas las naciones y los pueblos que las constituían.

Trabajar tras bambalinas —y en cierta manera desde la sombra—, era una de sus facultades, y, aunque no logró todo lo que se proponía, sí dejó clara su influencia.

Los diamantes de Saint Germain

Saint Germain era rico y se jactaba de ello, tanto, que a menudo pagaba sus cuentas con diamantes en lugar de hacerlo con cheques bancarios, billetes o monedas contantes y sonantes, si bien es cierto que nadie sabía exactamente a qué se debía su fortuna o si tenía o no tenía ingresos, pero era obvio que no era nada tacaño y que se daba todos los gustos que deseaba.

Como Príncipe heredero de Transilvania bien podía contar con una buena renta, un tesoro o una riqueza material y sobrenatural, aunque nadie sabe dónde estaba depositada esa riqueza.

Ser rico, para Saint Germain, no era una ofensa, e incluso pensaba en la utopía de la igualdad en la riqueza, la abundancia y el bienestar para todos y cada uno de los seres humanos, y no solo para unos cuantos, y solo hacía falta que todos y cada uno de los seres humanos así lo decretara, convencido de que cada persona construye y crea su propia realidad.

"Dios nos ha dado todo, solo falta tomarlo con ambas manos", dicen sus seguidores, muchos de ellos perfectamente millonarios porque así lo han decretado.

"El verdadero pecado es ser pobre en un mundo donde hay de todo y para todos; ¿para que escoger el páramo o el desierto cuando hay tierra fértil, abundancia y bienestar para la humanidad entera?"

Que todos fuéramos ricos y dichosos debería ser lo más natural del mundo, y no serlo es una verdadera necedad y ganas de pasar miserias y hambre.

SANADOR UNIVERSAL

Su capacidad de curar con solo ver o tocar a los enfermos, algo que no hacía frecuentemente, le llevó a salvar de sus dolencias a un famoso mariscal francés llamado, curiosamente, Belle Isle, posiblemente una metáfora de sus dotes curativas que lo relacionan, por otra parte, con la venta de pócimas y ungüentos milagrosos que curaban todos los males y enfermedades, siendo capaces incluso de evitar la muerte o de resucitar a los muertos, práctica que llevaría a cabo sobre todo en Holanda, donde fue perseguido bajo el nombre de Conde de Surmount, aunque nunca detenido, juzgado y condenado.

EL PELIGRO DE SER DIFERENTE

Saint Germain evitó algunas causas penales en varias ocasiones, pero jamás fue oficialmente detenido por reino alguno, siendo un genio para el escape y la huida, sobre todo a Turquía y África, ya fuera por la impunidad de su supuesto cargo de espía, por favoritismo real, por su mágico carisma, porque podía desvanecerse y teletransportarse, o simplemente porque en realidad nunca cometió crimen alguno.

Ser diferente, no pensar como piensa el resto de la gente, no expresar las mismas emociones y sentimientos tan manidos y comunes al resto de los hombres, e incluso decir una que otra verdad y comportarse como le nace a uno del alma, como ponerse a cantar o a bailar en un lugar donde no hay fiesta —algo que hacía Saint Germain de vez en cuando y en los momentos menos esperados—, es y era más que suficiente para que los demás te tachen de loco, de criminal o de mala persona.

El ser humano es un animal gregario que sigue a la manada y a la corriente, una pulsión de comportamiento social del todo natural, donde la originalidad y el pensamiento propio, crítico y creativo brillan por su ausencia, ante lo que Saint Germain proponía el despertar del Yo, del ser individual, original, creativo y hasta divino, como puede leerse en su *Libro de oro*, clara y objetivamente.

Una vez desnudado el ego identitario, vanidoso y pacato, queda el Yo, el ser interno que somos y que hemos sido siempre, más allá de toda convención o ilusión identitaria, comunal o falsamente humana.

La experiencia vital y su posterior trascendencia, son fenómenos propios, únicos e intransferibles.

LOS AMORES DE SAINT GERMAIN

En el amor, cómo no, se le relacionó con Madame Pompadour, otra protegida de la corte francesa, e incluso con Catalina la Grande, a la que logró colocar como Zarina de Rusia tras la muerte de Pedro, su esposo, y, quizá, hasta con María Antonieta, tan cercana a Luis XV, pero en realidad no se le conoció amor, pareja, esposa, hijos ni familia alguna.

Por supuesto, como amigo personal de Luis XV podía gozar de todos los placeres carnales y eróticos que deseara.

Era atractivo y carismático, según cuentan, pero parece que nada dado a las relaciones íntimas con las damas de las cortes que tan frecuentemente visitaba.

SAINT GERMAIN, POLÍMATA

En ocasiones era una especie de fantasma que aparecía y desaparecía de una corte o de una nación, como si en realidad no hubiera pasado por ahí más que su imagen o su sombra.

Como buen polímata, dominador de todo arte y toda ciencia, por un lado era músico, por el otro alquimista o científico, maestro, mago, cantante, sanador, embustero, farsante, embaucador, encantador de serpientes, sabio, filósofo y, sobre todo, un místico que tenía un mensaje que dar a la humanidad entera, motivo por el cual se encontraba en este planeta.

Nadie sabía quién era ni cómo se llamaba en realidad, y se le atribuyen muchos alias, apodos o pseudónimos, desde Príncipe Rakoczi, hasta Conde de Surmount, pasando por señor del Monte Cristo, General Welldone (lo que no deja de ser una broma) o el propio Saint Germain, entre algunos otros, y no solo para preservar el secreto de su identidad, sino para pasar desapercibido como informante o simplemente para burlarse de los demás y mantenerse libre de persecuciones y ataduras, y así transmitir a los demás, al mundo entero, lo que realmente le interesaba: el aspecto divino, místico y esotérico del hombre.

En Holanda se le conocía como alquimista

En el ser humano cabe todo lo que hay en el cosmos infinito, en él están inscritos todos los dones de la creación y de la naturaleza, por lo que nada es imposible para quienes así lo proyectan, lo crean y lo decretan.

"Soy muy viejo, más viejo de lo que parezco, y mi nombre, mi identidad, no importan, porque lo que importa es que Yo Soy, sin más ni más, de la misma manera que Tú Eres y que Todos Son".

La mística autoayuda de Saint Germain

A pesar de sus idas y venidas, leyendas, pseudónimos y comportamiento raro y excéntrico, la persona, secta o personaje del Conde de Saint Germain no parece haber tenido problemas con las religiones judeocristianas que reinaban en el mundo occidental y europeo del siglo XVIII.

En ningún momento se le tacha de hereje o de libre pensador, ni se le señala por ir en contra de las enseñanzas bíblicas o del Papa, como sí hacían otros pensadores de la época.

De hecho, se puede decir que Saint Germain era un hombre de fe, y de fe muy cercana al catolicismo trinitario, donde el hombre, el ser humano, es creación e hijo de Dios, y, por lo tanto, divino.

La autoayuda no es ningún desdoro, y tal y como lo afirmara Carl Sagan, a partir de Sócrates toda la filosofía occidental y oriental es un compendio de autoayuda en busca de la felicidad de los seres humanos, que pasa por el conocimiento, el aprendizaje, la enseñanza, la frugalidad, la moral, la ética, la fe y el dominio de uno mismo y de nuestras emociones negativas, y *El libro de oro*, sin pretensiones filosóficas, está en esta línea.

"Autoayúdate, que yo te ayudaré".

La diferencia, como ocurre con Spinoza, es que su concepción de divinidad incluye al ser humano como parte de los procesos creativos de la realidad.

Por eso, para algunos de sus seguidores, el Conde de Saint Germain es mucho más profundo de lo que se le atribuye normalmente, y lo que propone en *El libro de oro*, es autoayuda filosófica y divina, donde se propone, por ejemplo, que la Santa Hermandad es la hermandad de la humanidad entera.

Los textos de *El libro de oro* bien pueden haber sido extraídos de la única obra que se le reconoce oficialmente a Saint Germain, *La santísima trinosofía*, y revisados y reacomodados para su publicación, que en España y el mundo hispanoparlante apareció en el 1868, bajo la edición de Félix E. Bigotte.

Hay quien dice que es un libro apócrifo, con la intención

de señalarlo como un fraude o un texto falso, cuando, en realidad, apócrifo simplemente quiere decir que está fuera del canon oficial, como sucede con muchos de los textos de la Biblia, los Evangelios y otros escritos que se consideran sagrados.

El libro de Enoch, por ejemplo, a pesar de sus virtudes esotéricas no está contemplado en el canon de ninguna de las 14 versiones de la Biblia, el Tanaj (la Biblia Hebrea) o el Corán.

Por tanto, nos encontramos ante una rareza editorial que ha sobrevivido, al menos, un par de siglos sin estar dentro de una oficialidad normativa.

CONNY MÉNDEZ, CONCEPCIÓN O TRADUCCIÓN

A Conny Méndez (1898-1979) escritora y artista polifacética venezolana, se le atribuye a menudo la creación de *El libro de oro de Saint Germain*, y no al conde de Saint Germain propiamente dicho, como señala la Santa Hermandad, que tiene su propia versión, como tantas otras editoriales.

El problema con la autoría de Conny Méndez, que merece todo el respeto como artista y autora, es que, en 1868, treinta años antes de su nacimiento, Félix E. Bigotte ya lo había publicado, y eso crea cierta confusión y polémica entre los seguidores de las enseñanzas del Conde de Saint Germain; sin embargo, y a pesar de todo ello, la esencia de las enseñanzas de Saint Germain se mantiene en todas y cada una de las ediciones, porque la "esencia y presencia del Yo Soy" es innegable y se encuentra en todas y cada una de ellas.

Incluso en los grupos esotéricos, o sectas, gnósticos, agnósticos, rosacruces, masones, francmasones y similares, las enseñanzas del libro de oro se imparten y se enseñan en sus cursos, talleres o retiros espirituales, tanto es así que hay quien ve en el Conde de Saint Germain una extensión de otro personaje mítico, Christian Rosencreuz (cuatro siglos anterior a Saint Germain), siguiendo las leyendas de la vida eterna de los grandes maestros que, de una o de otra manera, guían a la humanidad.

¿ORIENTALISMOS?

No, no hay orientalismos ni pensamientos búdicos en las enseñanzas de *El libro de oro de Saint Germain*, incluso en su primer capítulo lo ratifica, sino total presencia del Dios judeocristiano y occidental.

Dios está por todas partes en la obra de Saint Germain, ni Buda ni Lao Tse, y ni siquiera el Hijo, sino Dios mismo, que se encarna y siempre está presente en todos y cada uno de los "estudiantes", es decir, de la humanidad.

Para Saint Germain todos los seres humanos son estudiantes, unos más adelantados que otros, o más atentos y aplicados, pero todos estudiantes.

La vida en sí es un aprendizaje continuo donde cada persona crea su propia realidad, camino y destino en base a sus experiencias.

Hay los que eligen el camino difícil, y los que eligen el camino fácil.

Seguir el camino difícil, al menos para Saint Germain, es ser un poco o un mucho masoquista, y aunque no está prohibido, no es necesario para nada.

La vida es belleza, bondad, amor, dulzura, bienestar y abundancia, y el planeta mismo nos ofrece todo y de todo para vivir una experiencia vital plena y satisfecha, donde no hay dolor ni temor a la muerte, ni pruebas imposibles ni pecados que no se puedan sortear o superar, por algo Dios es y está en todos los seres y en todas partes, su esencia es presencia divina, y solo hace falta abrir los ojos, el alma y la mente para cogerla, nada más.

LAS ENSEÑANZAS DEL CONDE DE SAINT GERMAIN

Las enseñanzas básicas de *El libro de oro de Saint Germain* son tan fáciles, que el mismo autor se sorprende de que los "estudiantes" no las conozcan, no las sigan o no sean capaces de despertar para seguirlas, cuando son obvias y están a la vista de todos, tanto, que hasta Descartes se dio cuenta de ello:

-Yo Soy.

-Yo Soy la vida.

-Yo Soy la actividad y la acción de la vida.

-Yo Soy la vida más allá de la vida.

-Yo Soy la puerta que se abre a la vida eterna.

-Yo Soy el pensamiento.

-Yo Soy el sentimiento.

-Yo Soy la Creación y la creatividad.

-Yo Soy los dones y las habilidades.

-Yo Soy el constructor y el hacedor del mundo entero.

-Yo Soy la sensación y la intuición.

-Yo Soy la ciencia y el descubrimiento.

-Yo Soy la divina presencia.

-Yo Soy todo y el todo.

-Yo soy Dios.

Basta con tener conciencia de uno mismo para darse cuenta del Yo Soy, porque si pienso y siento, existo, y mi cuerpo es tan divino como mis sensaciones y mi pensamiento.

Nunca jamás debe decir, pensar o sentir lo contrario al Yo Soy.

Porque no hay más que Dios, porque no hay nada más que el Yo Soy, que es la divina presencia de lo mismo.

Nada de yo no soy.
Nada de yo no puedo.
Nada de yo no sé.
Nada de yo no fui.
Nada de yo no seré.
Nada de yo no entiendo.
Nada de yo no me lo merezco.
Nada de yo soy impuro, malvado, animal, salvaje o un pecador.
Ni siquiera el simplemente "yo existo" o "yo estoy".
Única y simplemente Yo Soy.

Todo lo que pueda albergar la mente del hombre es posible, real e infinito, porque el mismo ser humano es infinito y divino, no tiene límites, y lo que no pueda realizar o imaginar hoy, lo realizará y lo imaginará mañana, no hay prisa ni límites para el Yo Soy.

En la vida cotidiana, en lo más común y habitual, el Yo Soy funciona muchas veces como un decreto divino y de manera casi mágica:

-Yo Soy la luz.

-Yo Soy el conocimiento.

-Yo Soy la clave.

-Yo Soy la buena suerte.

-Yo Soy la riqueza.

-Yo Soy el tesoro.

-Yo Soy el amor.

-Yo Soy la salud.

-Yo Soy el triunfo.

-Yo Soy la felicidad.

-Yo Soy el bienestar, la bebida, el techo y el alimento.

-Yo Soy Dios, Dios Soy Dios.

Solo hay que decirlo con convicción y pensarlo con fe, no solo desearlo ingenuamente o pedirlo como un limosnero a cambio de una fe falsa y pusilánime, sino confiando en el propio ser divino que todos y cada uno de nosotros llevamos dentro.

Esas son las enseñanzas del Conde de Saint Germain que usted encontrará en este curioso, interesante y hasta polémico libro.

DR. JAVIER TAPIA RODRÍGUEZ

EL LIBRO DE ORO DE
LA HERMANDAD SAINT GERMAIN

Es esta la Sacra Enseñanza que el Ascendido Maestro Saint Germain ha dispuesto para esta Su Era de Oro, y que constituye el Tercer Cielo de Enseñanza de la Hermandad Saint Germain, tras lo cual el discípulo queda en conocimiento pleno de SU PRESENCIA «YO SOY».

Mientras más estudies y medites lo que contiene este libro, más protegido y más elevado serás, aunque también se te hace notar que el Amado Maestro no titubea ni usa ningún eufemismo para ponerte al tanto de los peligros y castigos que te acarreas si concentras tu atención en leyes, pasos y vibraciones inferiores a lo que Él aquí te enseña.

Aquí tienes, pues, los Reglamentos Divinos. Su cumplimiento depende de ti.

Capítulo I

La vida, en todas sus manifestaciones, dondequiera que ella exista, es DIOS EN ACCIÓN. Es por el escaso conocimiento en la forma de aplicar el pensamiento-sentimiento que los humanos están constantemente interrumpiéndole el paso a la Esencia de Vida. Si no fuera por esa razón, la Vida expresaría su perfección con toda naturalidad y en todas partes.

La tendencia natural de la Vida es Amor, Paz, Belleza, Armonía y Opulencia. A ella no le importa quién la use, y todo el tiempo está surgiendo para manifestar de más en más su perfección, y siempre con ese impulso vivificador que la caracteriza.

«YO SOY».

«YO SOY» es la actividad de la Vida. ¡Qué raro es que los estudiantes más sinceros no siempre logren identificar el significado verdadero de esas dos palabras!

Cuando alguien dice «YO SOY», sintiéndolo, abre la fuente de la Vida Eterna para que corra sin interferencia alguna a lo largo de su curso; en otras palabras, le abre la puerta ancha a su flujo natural. Cuando alguien dice «Yo no Soy», tira la puerta en plena cara de esta Magna Energía.

«YO SOY» es la plena actividad de Dios. Te he puesto frente a frente innumerables de veces la Verdad de «DIOS EN ACCIÓN».

Quiero que entiendas que la primera expresión de todo ser individualizado en cualquier lugar del Universo, bien sea en pensamiento, sentimiento o palabra, es «YO SOY», reconociendo así su Propia Victoriosa Divinidad.

El estudiante, cuando intenta entender y aplicar estas potentes —aunque simples— leyes, debe mantener una guardia estricta sobre su pensamiento y expresión, ya que cada vez que alguien piensa o dice «no Soy», «no puedo» o «no tengo» está ahorcando la Magna Presencia Interior, consciente o inconscientemente y de manera tan tangible como si se pusieran las manos alrededor del cuello de alguien; solo que en lo que se refiere a una forma exterior, el pensamiento puede hacer que la mano lo suelte en cualquier momento, pero cuando uno hace una declaración de no ser, no poder o no tener se pone en movimiento la energía ilimitada que permanece en acción hasta que uno mismo la detiene y trasforma la acción.

Esto te enseñará el gran poder que tienes para calificar, determinar u ordenar la forma en que quieres que actúe la gran energía de Dios. Y te digo, querido estudiante, que la dinamita es menos peligrosa. Una carga de dinamita solo desintegrará tu cuerpo, mientras que los pensamientos ignorantes arrojados sin control ni gobierno atan a la rueda de la reencarnación indefinidamente[1], es decir, mientras dure un decreto sin atajar, sin transmutar o disolver, sigue imperando *per sécula seculorum*, ¡y por disposición del propio individuo!

Por esto te darás cuenta de cuán importante es que tú sepas lo que estás haciendo cuando usas expresiones incorrectas de forma inconsciente, ya que estarás utilizando el más poderoso y Divino Principio de Actividad en el Universo, es decir, el «YO SOY».

No entiendas mal. No se trata de una expresión o idea oriental, extranjera, vana, liviana, ni de una exageración. Se trata ni más ni menos que del más alto Principio de Vida utilizado y manifestado a través de todas las civilizaciones que han existido. Recuerda que lo primero que toda forma de vida consciente de sí misma expresa es «YO SOY». Es mucho más que «yo existo». Es luego, en su contacto con el mundo exterior, con actividades incorrectamente calificadas, que él comienza a aceptar cosas inferiores al «YO SOY».

Ya ves, querido discípulo, que cuando tú dices «yo estoy enfermo» estás intencionalmente invirtiendo la perfección natural que encierra el proceso vital. ¿No ves que lo están bautizando con algo ajeno que jamás poseyó?

Durante largos siglos de ignorancia e incomprensión,

---

1   La humanidad debe ser consciente de que los habitantes de las ciudades mueren y reencarnan en el mismo lugar muchas veces, porque han formado ligaduras que los atraen de nuevo al mismo ambiente. El estudiante que tiene que reencarnar debe dar esta orden: «la próxima vez naceré en una familia iluminada». Esto les abrirá la puerta con gran rapidez en su progreso.

la humanidad ha cargado de falsedad e irrealidad hasta la atmósfera que la envuelve, pues no tengo que repetirte que cuando tú anuncias «estoy enfermo» es una mentira evidente respecto a la Divinidad. ¡Ella (YO) jamás puede ser sino Perfecta y llena de Vida y Salud!

Te pido, querido estudiante, en el nombre de Dios, que dejes de utilizar esas expresiones falsas respecto a tu Divinidad, porque es imposible que tengas libertad mientras sigas utilizándolas. No podré jamás insistir lo suficiente contigo en que cuando verdaderamente reconozcas y aceptes la Magna Presencia de Dios «YO SOY» en tu interior, positivamente, categóricamente, no tendrás más dificultades.

En nombre de Dios te imploro que cada vez que estés a punto de decir o comentar que estás enfermo, pobre, o en situaciones hostiles, de inmediato inviertas la condición fatal para tu beneficio, y declares mentalmente, pero con toda la intensidad de tu «YO SOY», ya que Él es todo salud, opulencia, felicidad, paz y perfección. Deja de darles poder a las condiciones externas, a personas, lugares y cosas. El «YO SOY» es el poder de reconocer la Perfección en cada uno de nosotros y en todas partes.

Cuando piensas en la expresión «YO SOY», significa que tú ya eres consciente de que tienes a Dios en Acción expresado en tu vida. No permitas que las falsas apreciaciones y expresiones sigan gobernándote e imponiéndote limitaciones. Rememora constantemente: «YO SOY», por ende, soy Dios en Acción; «YO SOY» Vida, Opulencia, Verdad, manifestados ya.

De esta manera, recordándote esta Presencia Invencible, conservas la puerta abierta para que ÉL (la Presencia «YO SOY») teja en tu manifestación exterior toda Su Perfección.

Por Dios, no creas que puedes continuar empleando decretos errados y que de alguna forma se van a enderezar y vas a manifestar cosas buenas, porque es imposible que eso ocurra. En los hatos usan hierros para marcar con fuego a las reses. ¡Yo desearía poder marcarte con un hierro que te fijara en la conciencia «YO SOY», y que no pudieras alejarte del uso constante de esa Presencia Grande y Gloriosa que eres!

Apenas cualquier condición menos que perfecta aparezca en tu experiencia, declara con vehemencia que no es verdad. Que tú aceptas solo a Dios, la Perfección, en tu vida. Cada vez que aceptes las falsas apariencias, las tendrás expresadas y manifestadas en tu vida y tus experiencias. Y no se trata de que tú creas o no lo que te estoy contando. ESTO ES UNA LEY. Comprobada a través de eones de experiencia. Hoy te la entregamos para que seas libre.

Sabes de sobra que en Occidente les gusta engañarse con la idea de que basta con no creer o no aceptar la antigua idea oriental de la brujería para estar libre de ella. La brujería no es más que el mal uso de los poderes espirituales, esos mismos que usamos para el bien. El peor tipo de brujería es la que es utilizada hoy por la política, con el uso del poder mental mal calificado. Si esta misma enorme fuerza fuera utilizada en sentido inverso, o sea, para recordar que la Acción de Dios está en cada persona que ocupa un puesto oficial, el que la utiliza en esta forma no se libraría únicamente él mismo, sino que llenaría el mundo político de libertad y justicia y viviríamos pronto en un mundo natural en el que la Acción de Dios sería imperante siempre.

Como lo fue en Egipto lo es hoy. Aquellos que utilizan mal el poder de la mente se atan ellos mismo a la inarmonía, encarnación tras encarnación. Hazte tú el propósito: Yo no acepto ni adopto condiciones del ambiente externo ni de nada de lo que me rodea, solo de Dios, del Bien, de mi «YO SOY».

Tienes que adquirir el hábito de gobernar tu energía. Si no, siéntate varias veces al día y quédate en calma. Tranquiliza tu ser exterior. Esto permite que se te supla con energía. Aprende a ordenarla y controlarla. Si quieres que ella (tu energía) esté quieta, mantente quieto. Si la necesitas activa, entra en actividad. Debes enfrentarte a las cosas y elevarte por encima de ellas.

El estudiante debe permanecer alerta para reconocer

en sí mismo sus hábitos. No ha de esperar que alguien se lo diga. Debe examinarse y cortar todo lo que no sea perfecto. Para lograrlo, debe declarar que no se tiene tal o cual hábito indeseable. Luego, siendo YO creación de Dios, soy Hijo de Dios Perfecto. Esto trae una liberación que no se puede conseguir de ninguna otra manera.

Obstinarse en viejas costumbres es como vestirse con ropa antigua. Recuerda: no debes esperar que nadie te lo recuerde. Nadie lo puede hacer por ti, debes hacerlo tú mismo.

En este trabajo, en este aprendizaje y en esta radiación todas las cosas viejas en el individuo salen para ser consumidas. Antes de quejarte de cada cosa que experimentes en ti y en tu mundo, recuerda que vienen para que las quites, para que las transformes. Sé consciente de no fijar la atención en aquellas cosas de las cuales te quieres limpiar. Es ridículo estar recordando la cosas que no funcionaron. ¿No es algo maravilloso que después de siglos que tienes imponiéndote limitaciones, puedas rápidamente limpiarlas y liberarte mediante tu propia atención y esfuerzo? ¿No crees que vale la pena? La manera más rápida de lograrlo es a través del humor. La sensación ligera y campante que da el humor permite hacer maravillosas manifestaciones.

Si te empeñas e invocas la Ley del Perdón, puedes consumir todas las malas creaciones del pasado con la Llama Violeta Transmutadora, y ser libre. Debes saber que la Llama Violeta es la Activa Presencia de Dios actuando.

Cuando sientas deseos de hacer algo constructivo, hazlo. Empéñate y lógralo, pase lo que pase. Que veas o no la manifestación no te debe preocupar.

Incluso cuando los estudiantes solo conocen las cosas intelectualmente, no deben permitir que sus mentes regresen constantemente a las condiciones malas o erradas, pues ellos saben que esa actividad les perjudica el éxito. Es increíble que las personas no dominen este enemigo. Ningún estudiante podrá triunfar hasta que deje de regresar a las condiciones negativas que está tratando de superar.

El trabajo íntegro de un Maestro es el de hacerle comprender al estudiante lo que significa aceptar. Aquello con lo que la persona está de acuerdo mentalmente, eso está aceptado por él. Si él centra su atención en una cosa, se estará haciendo uno o unificándose con esa misma cosa. Estará identificándose con aquello, sea esto bueno o malo. Cuando la mente acepta o está de acuerdo con alguna cosa o condición, la persona está decretando aquello en su mundo.

Todo aquello que tú escuches o sobre lo que medites con atención, es aquello que estarás aceptando, poniéndote de acuerdo, identificándote con ello a través de tu atención. ¿Crees tú que un hombre que ve una serpiente cascabel enroscada camina deliberadamente hacia ella para que lo muerda? ¡Por supuesto que no! Pues esto es lo que los estudiantes hacen cuando dejan que su atención regrese a los problemas.

La actividad interior gobierna de acuerdo con el Plan de Perfección. El exterior, cuando se le deja hacer, siempre gobierna de forma equivocada. Cuando un cuadro constructivo se ilumina en tu mente, es una realidad, y surge a la realidad siempre que tú lo preserves en tu recuerdo. Es posible hacerse tan consciente de la Presencia de Dios que en cualquier momento se puede ver y sentir Su radiación derramándose en uno.

Para todo lo que él no quiere, el estudiante demuestra toda la confianza en el mundo exterior. Para todo lo que sí desea, debe obligarse a tener la misma confianza en lo espiritual. Debe siempre confiar en sí mismo, y debe pensar: ¿De qué manera puedo yo usar las indicaciones que se me han dado para intensificar esta actividad?

Capítulo II

Cuando Jesús dijo: «Yo Soy la Resurrección y la Vida», pronunció una de las más grandes expresiones que han existido.

Cuando Él dijo «YO SOY», no se refería a la expresión externa, sino a la Magna, Maestra Presencia del Dios Interior, porque manifestó en repetidas ocasiones. «Yo de mi ser propio no puedo hacer nada. Es el Padre nuestro, el "YO SOY" , el que hace las obras».

Jesús también dijo: «YO SOY el Sendero, la Vida y la Verdad», reconociendo de esta forma el único Poder: Dios en Acción dentro de Él.

Igualmente dijo: «YO SOY la Luz que ilumina cada hombre que viene al mundo», anunciando cada dicho de vital importancia con la expresión «YO SOY». Una de las formas más eficaces de liberar el poder de Dios: Amor, Sabiduría, Verdad, y ponerlo en acción en la experiencia exterior, es esa declaración «YO SOY» en todas las cosas que se deseen.

Ahora vamos a hacer referencia al dicho más poderoso de todos, tal vez uno de los más grandes que han sido lanzados a la experiencia exterior a través de la palabra: «YO SOY la puerta abierta que ningún hombre puede cerrar». ¿Eres capaz de ver cuán vital es esto? Cuando logres entender plenamente esas afirmaciones magnas, te darás cuenta de la grandeza de su alcance.

Cuando reconoces y aceptas plenamente el «YO SOY» como la Magna Presencia de Dios en ti, en acción, habrás dado uno de los pasos más importantes hacia la liberación.

Ahora presta atención a la afirmación: «YO SOY la puerta abierta que ningún hombre puede cerrar». Si puedes hacerlo, tendrás la llave que te permita atravesar el velo de la carne, y llevando contigo toda la conciencia imperfecta que hayas acumulado, la puede transformar, o elevarla a esa perfección a la cual has entrado.

No podré jamás predicar demasiado lo importante que es meditar en el «YO SOY» todo lo posible, como siendo la Magna, Activa Presencia de Dios en ti, en tu casa, en tu entorno y en tus asuntos. Cada respiración es Dios en Acción en ti. La capacidad de expresar tu pensamiento y tu sentimiento es Dios Activo en ti. Como tienes libre albedrío, es tu responsabilidad calificar la energía que proyectas en pensamiento y sentimiento, estableciendo cómo quieres que actúen para ti.

Nadie puede preguntar: ¿Cómo hago para calificar la energía? Todo el mundo sabe la diferencia entre lo destructivo y lo constructivo en pensamiento, sentimiento y acción.

El estudiante, al recibir esta instrucción, debe continuamente analizar el motivo que lo empuja, para detectar si hay algún sentimiento de orgullo intelectual, de arrogancia o de testarudez en la mente y cuerpo exterior. Si hay algún deseo solapado de discutir o de probar que la instrucción es incorrecta, en vez de recibir la Bendición y la Verdad el individuo ha cerrado inconscientemente la puerta, y de momento ha anulado su capacidad de recibir el bien ofrecido.

También quiero recordarles a los discípulos que, independientemente de sus opiniones personales respecto a lo que debe ser o no la Verdad, yo he verificado a través de muchos siglos estas instrucciones condensadas que ahora les ofrezco. Si se quiere recibir el mayor beneficio posible y alcanzar la comprensión que da la absoluta liberación, hay que oír con una mente completamente abierta; con la conciencia de que el «YO SOY», la activa Presencia de Dios en ti, es tu capacidad indudable de recibir, aceptar y aplicar sus limitaciones, el conocimiento que se te está dando, acompañado por la radiación. Esto permitirá a todos los estudiantes entender estas simples —aunque magnas— aseveraciones de la Verdad, que los bendecirán y los libertarán de muchas formas.

Desde hace muchos siglos, se le repite a la humanidad: «No se puede servir a dos amos». ¿Por qué? Porque únicamente existe una Inteligencia, una Presencia, un Poder capaz de actuar, y esa Presencia es Dios en ti. Cuando tú te dedicas a la manifestación externa y crees en el poder de las apariencias, estás al servicio de un dueño falso y usurpador que solo encuentra una apariencia porque contiene energía de Dios, la cual está usando de manera equivocada.

Tu capacidad para levantar la mano y la vida que fluye a través del sistema nervioso de tu cuerpo es Dios en Acción. Queridos estudiantes, intenten usar esta forma sencilla de recordar a Dios en Acción dentro de ustedes.

Cuando camines por la calle, detente a pensar por un momento: «Esta es la Inteligencia Divina y el Poder que me hace caminar, y esta es la inteligencia que me dice a dónde voy». Te darás cuenta de que ya no es posible que continúes sin comprender que cada movimiento que haces es Dios en Acción. Cada pensamiento en tu mente es Energía Divina que te permite pensar. Ahora que sabes que este es un hecho indiscutible (ya que no tiene discusión posible), ¿por qué no adorar y dar plena confianza, fe y aceptación a esta Magna Presencia de Dios en cada uno, en vez de mirar la expresión externa que está calificada y coloreada por el concepto humano de las cosas?

Cada forma exterior no es más que una parte de la vida por medio de la cual cada persona puede llegar a conocer el verdadero origen de su ser (esto lo aprende a través de su propia experiencia), luego vuelve a la plenitud de perfección de origen apoyado en la autoconciencia que ha alcanzado.

La expresión exterior de la vida no es sino un constante y cambiante cuadro que la mente exterior ha formulado, presumiendo ser el actor verdadero. De modo que la atención está continuamente fija en la apariencia externa, que solo contiene imperfecciones, y que ha hecho que los hijos de Dios hayan olvidado su propia Divinidad, teniendo de nuevo que volver a ella.

Dios es el Dador, el Recibidor y el Don, y es el único Dueño de toda la Inteligencia, Sustancia, Energía y Opulencia contenidos en el Universo. Si los hijos de Dios aprendieran a dar, únicamente por el gozo de dar, sea amor, dinero, servicio o lo que sea, la expresión externa no carecería de una sola cosa. Sería imposible.

Lo lamentable en la humanidad, que ha ocasionado

tanto egoísmo y condenación sin precedentes en las personas, es la insistencia en la posesión personal de las grandiosas bendiciones de Dios. No hay más que un Amor en acción, una Inteligencia Poder y Sustancia en cada individuo, y eso es Dios. La alerta que se le puede dar a cada estudiante es contra el deseo de reclamar y apropiarse poder únicamente para sí.

Si en cada acto de personalidad se le diera pleno crédito y poder a Dios únicamente, veríamos transformaciones increíbles en quien así le entrega todo el crédito a quien le pertenece.

Muy pocas veces se ha logrado comprender la oferta y la demanda. Positivamente hay abundante y omnipresente oferta, pero la demanda debe ser estipulada antes de que la Ley del Universo le permita surgir a la expresión y uso del individuo.

La persona, ya que tiene libre albedrío, debe hacer la petición o la demanda de manera consciente y con plena determinación, y ya verá cómo no puede dejar de expresarse sin importa lo que sea, siempre que el individuo mantenga una conciencia resuelta y carente de debilidades. La siguiente afirmación simple, usada con sincera determinación, le traerá a la persona todo lo que pueda posiblemente desear: «YO SOY la gran opulencia de Dios hecha visible en mi uso ahora y continuamente».

El elemento limitante que tantos estudiantes sienten es, por ejemplo, que empiezan declarando la Verdad cuando usan la afirmación que hemos indicado antes, pero al cabo de algunas horas, si se analizan ellos conscientemente, descubrirán que en sus sentimientos hay restos de duda o temor. Estos dos sentimientos, naturalmente, neutralizan en gran manera la fuerza constructiva que traería rápidamente el deseo o la demanda.

Cuando que el estudiante logre darse cuenta de que todo buen deseo es Dios en Acción impulsando Su energía hacia el pleno cumplimiento, y que esta energía es autosostenida, entenderá el amor sin límites, el poder y la inteligencia que posee y con los que podrá lograr todo lo que se proponga.

Con esta sencilla comprensión, la palabra fracaso sería completamente erradicada de su mundo, y en poco tiempo de su conciencia también, porque vería que está tratando con una inteligencia y un poder que son incapaces de fracasar. Así, estudiantes e individuos entrarían en su pleno dominio de acuerdo con la intención de Dios.

Nunca ha sido la intención de nuestro gran Padre, todo Amor y Sabiduría, que a ninguno de ellos (sus hijos) les falte nada. Es porque ellos permiten que su atención se centre en la apariencia exterior, la cual es como la cambiante arena del desierto. De manera que ellos, consciente o inconscientemente, se alejan de la Gran Inteligencia y Opulencia.

Esta gran opulencia es la herencia de la cual todos podemos disponer, siempre que nos volvamos de nuevo hacia el «YO SOY», el Principio Activo de Dios, eternamente dentro de nosotros mismos, como hacia la única fuente de vida activa, inteligencia y opulencia.

En las edades han existido ciertas reglas de comportamiento, necesarias para todo estudiante que desee obtener ciertos logros. Se trata de la conservación y gobierno de la fuerza, vital a través del sexo.

Para quien ha estado usando esta energía sin pensar en dominarla, el hecho de decir «Yo voy a dejar esto», sin comprender la actitud correcta de conciencia, no sería sino escuetamente suprimir un flujo de energía que él ha provocado que fluya en otra dirección.

Para el estudiante que desea gobernarse va esta afirmación, que es lo más eficaz de todo lo que se le pudiera dar, si sabe emplearla con Comprensión. Es la Magna afirmación de Jesús: «YO SOY la Resurrección y la Vida». Esta afirmación no purifica únicamente el pensamiento, sino que es la fuerza elevadora y ajustadora más poderosa que se puede usar para corregir lo que es la más importante de las barreras a la altura del logro espiritual. Todo el que empiece a sentir la llamada interior de corregir esta condición, y que use la afirmación continua y firmemente, elevará esta maravillosa corriente de energía hacia el punto más alto del cerebro, como fue originalmente proyectado.

El individuo sentirá su mente inundada con las más fantásticas ideas, con gran poder sostenedor y con capacidad que sale a la expresión y uso para bendecir a toda la humanidad.

Yo le pido a todos los estudiante que observen y practiquen los resultados en su mente y cuerpo. Que sientan profundamente el dicho de Jesús: «YO SOY la Resurrección y la Vida», repitiendo tres veces en silencio o a viva voz, y observen el ascenso de conciencia que van a vivir. Hay quienes necesitarán repetirlo varias veces para sentir la elevación sorprendente que otros sienten a la primera vez. Esto les enseñará, de pequeñas maneras, lo que se puede lograr con su uso continuo.

No hay más que una forma de liberarse de algo negativo, y es que cuando seas consciente del error que tienes que superar, le quites tu atención exterior completamente, fijándola firmemente en la afirmación antes expuesta.

Toda condición de la experiencia externa que alguien desee trascender, lo puede lograr con el uso de esta afirmación, así como también para cambiar el flujo de la energía mal dirigida. Una vez tuve un estudiante que sintió el impulso de redirigir esta gran energía, y con el uso de esta única energía logró ascender su cuerpo. En un año, en su apariencia externa pudimos observar una transformación maravillosa. Es increíble que de todas las afirmaciones que nos vienen de Jesús, y que no es sino una parte de lo que Él enseñó, tan pocos humanos reciban el tremendo impacto de esas increíbles palabras de sabiduría.

En toda la historia del mundo no han sido ofrecidas tantas grandes afirmaciones como las que Él enseñó, cada una de las cuales, usada de manera consciente, contiene la radiación acompañante que Él logró. Es así como no únicamente tienen ustedes este poder del «YO SOY», sino también su asistencia individual cuando emplean Sus afirmaciones. Siempre se debe reflexionar sobre el verdadero significado de estas grandes afirmaciones del Maestro Jesús.

Cuando entiendes que el pensamiento, sentimiento y expresión tuya del «YO SOY» ponen en acción el Poder de

Dios, sin límite posible, entonces obtienes lo que deseas. No debe ser un problema para el estudiante el ver y entender que la apariencia externa no es más que la distorsionada creación del hombre, quien cree que en el exterior hay una fuente de poder distinta, cuando un momento de reflexión le hará darse cuenta de que no existe sino un solo amor, una sola inteligencia y un solo poder con capacidad de actuar, y que eso es Dios.

Los defectos humanos o las incongruencias externas no tienen nada que ver con la Perfección Omnipresente de Dios, ya que todo aquello que es imperfecto es creación del concepto exterior humano. Si el hombre se volviera hacia su Yo Superior sabiendo que Este es Dios, sabiendo que Él es toda Perfección y que la apariencia externa no es sino creación humana, por el mal uso de su poder Divino; si él medita sinceramente y acepta la Perfección de Dios, se dará cuenta de que en su vida y experiencia se manifiesta esta misma perfección.

No existe otra manera de traer esta perfección a tu mente, cuerpo y experiencia, más que mediante la aceptación de la Gran Presencia de Dios en ti. Reconocerlo plenamente hará que el poder interior proyecte dicha perfección de Dios a tu experiencia visible.

Comunícale a los estudiantes que yo te estoy enseñando, como mensajero de la Verdad, afirmaciones de la Verdad que te traerán resultados positivos si las usas y las mantienes sin dudar. Los Metafísicos saben que la Verdad no les funciona porque hoy hacen las afirmaciones y las olvidan a los pocos días.

El deseo de Luz y Verdad es la Presencia de Dios en el deseo, que se proyecta hacia la acción. Para conseguir la iluminación, usa esta frase: «YO SOY la plena comprensión e iluminación de esta cosa que quiero saber y comprender».

Cuando tus ojos se abran y observes algunos de estos maravillosos seres Ascendidos, la dicha te durará eternamente. Si tú no aceptas la Verdad de que tú eres capaz de lograr esto, jamás lo conseguirás.

En el mismo instante en que tú expresas «YO SOY la

Resurrección y la Vida», prestamente surge toda la energía de tu ser hacia el centro de tu cerebro, que es la fuente del ser individualizado. Yo no podré jamás ponderar demasiado el poder de esta afirmación. Lo que puedes hacer con ella no tiene límites. Fue la que utilizó Jesús en sus pruebas más grandes.

Debes ser consciente de que cuando tú decretas algo constructivo, es Dios el que te está impulsando a la acción. Es lo más tonto del mundo preguntar: «¿Y tú has comprobado esto en tu propia experiencia?», porque cada quien tiene que comprobarlo por sí mismo, o no cobrará significado alguno hasta que él mismo haga la prueba.

El sentimiento lleva consigo cierta visión coexistente. Con frecuencia, la persona siente la cosa con tal claridad que, ciertamente, la ve desde la posición interna.

A medida que la persona se adentra en el estado ascendido, se manifiestan simultáneamente el pensamiento, el sentimiento, la visión y el color.

El sonido armonioso es tranquilo. Es por esto por lo que la música más agradable resulta calmante en sus efectos, mientras que la música ruidosa es enteramente lo contrario.

Capítulo III

Desde la radiación de la Gran Cintura Magnética les proyecto esto en el día de hoy; desde el corazón de la Ciudad de Oro[2], se proyectan los Rayos Gemelos sobre los cuales están la palabra, la luz y el sonido.

El tiempo nos ha alcanzado con rapidez y debemos estar más alerta respecto a los grandes cinturones magnéticos que rodean toda la creación desde la Deidad hasta el individuo.

La cintura magnética que envuelve la Ciudad de Oro es impenetrable, mucho más que lo que podría ser un muro de acero muy ancho. Así, en un grado menor, la persona que tiene suficiente entendimiento del principio activo de su Ser Divino es capaz de rodearse de un círculo o cintura magnética, la cual puede calificar de la manera que prefiera, pero ¡ay de aquel individuo que la califique de forma destructiva! Si alguno fuese tan arriesgado como para hacerlo, descubriría que este cinturón de fuerza magnética encerraría su forma exterior y la consumiría: pero quienes construyen y califican con sabiduría, con el gran amor de Dios y con poder constructivo, se encontrarán moviéndose en un mundo que no ha sido tocado por la ignorancia humana.

Ha llegado el período cósmico en el que quienes han alcanzado cierto grado de comprensión deben crear, aplicar y usar este maravilloso círculo magnético. Cada creación, que es acción autoconsciente, tiene este círculo de fuerza magnética rodeándolo de forma natural, pero hasta cierto grado su fuerza está descontrolada y, por ende, disipada.

Al crear de manera consciente este gran anillo de fuerza magnética pura, puedes detener toda filtración de tu esencia ilimitada y así reservarla para usarla de forma directa y consciente. Tras unos meses de esta actividad creadora y consciente dentro de este anillo magnético hay que ser

---

2 · Encima de los principales desiertos existen ciudades etéricas. Más arriba del desierto de Arizona está la ciudad etérica de Juan, el Discípulo Amado. Hay otra sobre el desierto del Sahara, otra sobre el desierto de Gobi y otra en Brasil, que es la ciudad etérica de América del Sur.

cuidadosos al dirigir esta fuerza, para que no sea en ninguna otra forma que la del Amor Divino.

Al comienzo de la individualización del hombre, estaba naturalmente rodeado de este círculo mágico: pero mientras su conciencia iba descendiendo se hacían rasgaduras en el gran círculo de fuerza, ocasionando filtraciones, hasta que desapareció. El círculo no fue una creación consciente del hombre: era un círculo natural envolvente, por su estado puro de conciencia.

Ahora quienes estudian la Luz tienen que poner manos a la obra de forma consciente, y sin titubeos crear este Círculo Magnético en torno a sí mismos, visualizándolo perfecto, sin rasgaduras en su construcción. Así será posible conscientemente alcanzar más adentro la Cintura Magnética de la Divinidad, y allí recibir Sabiduría, Amor y Luz sin límites, como también aprender la aplicación de leyes simples a través de las cuales todo poder creador es posible. A pesar de que al estudiante se le recomienda mirar siempre, sin olvidarlo nunca, hacia su propio Ser Superior, creador de su individualización, es importante destacar que no se ha conseguido un solo logro en el que no se haya dado la asistencia de aquellos más adelantados.

Como Dios es uno solo, una sola Presencia y Su Actividad Todopoderosa, resulta que aquel más adelantado no es sino un poco más del Ser Divino en Acción. En este reconocimiento vas a entender por qué puedes sentir «YO SOY aquí YO SOY allá», ya que no hay sino un solo Ser Divino en todas partes.

Cuando el estudiante finalmente internalice que la Ascendida Hueste de Maestros no es otra que su propia conciencia más adelantada, entonces va a sentir las infinitas posibilidades a su alcance, ya sea que se dirija a Dios directamente, a uno de los Ascendidos Maestros de Luz o a su propio «YO SOY». La verdad es que no hay diferencia, porque todos son uno solo. Pero hasta que no se llega a este estado de conciencia sí hay diferencia, porque el individuo seguramente sentirá una división del Ser Único, cosa que no es posible sino en la ignorancia de la actividad externa mental.

Cuando el estudiante piensa en esa expresión exterior, debe siempre tener presente que es la actividad externa de la INTELIGENCIA ÚNICA, protegiéndose así él mismo contra la división —en su propia conciencia— de este magno y único poder Divino concentrado en él.

Una vez más, debo recordarte que este Gran Poder Ilimitado de Dios no puede adentrarse en tu uso exterior sino por virtud de tu propia invitación. Existe una sola clase de Invitación que puede hacer que fluya, y es tu sentimiento profundo de amor y devoción.

Cuando alguien ha generado el Círculo Magnético en torno a sí mismo, no hay otro poder que lo pueda penetrar más que el Amor Divino. Y en lo que se refiere a penetrar en el Radiante, Candente Círculo de la Deidad, es solo TU Conciencia de Amor Divino lo que puede hacerlo, y mediante el cual la Deidad retoma su Gran Derrame, el cual te llega a través de Mensajeros tan Trascendentes, que sobrepasan en tal forma tu concepto actual, que no es posible expresarte en palabras la Majestad del Amor, Sabiduría y Poder de estos Grandes Seres.

Déjame recordarte, otra vez, que aquel discípulo que «ose y calle» se verá elevado a la radiante trascendencia de esta ESFERA INTERNA. Y será a través de su visión y experiencia que logrará entender esto que te estoy diciendo. El Alma que tiene suficiente fuerza para vestirse de su armadura de Amor Divino y avanzar no encontrará obstáculo alguno, pues no hay nada entre su presente conciencia y esa Esfera de Magna Trascendencia Interna que obstaculice el acercamiento del Amor Divino.

Una vez que hayas mirado y tocado, dentro de este Círculo Interno, vas a entender lo imperfecta que es la presente expresión del Amor Divino. Cuando uno es consciente de estas Grandes Esferas, a las cuales se puede llegar, se descubre alcanzando sin temor más y más profundamente la radiación interior de ese Gran Eje Inteligente del cual han procedido toda Creación y todos los mundos.

Existen entre ustedes almas fuertes y valientes, que entenderán esto y que podrán usarlo para gran bendición propia y de los demás. Hay también otros que entenderán que la Presencia que late en cada corazón es Dios, que la esencia que surge para dar vida a la forma exterior es Dios en acción, que la actividad que hace circular la sangre por todo el cuerpo es Dios. Entonces, querido Estudiante, presta atención a lo siguiente: ¿No ves tú qué gran error es hundirse en la ignorancia del ser exterior y sentir dolor, molestias, perturbaciones, todo creado por la ignorancia y actividad de ese ser, cuando unos momentos de meditación te harán darte cuenta de que no puede haber sino una Presencia, una Inteligencia, un Poder que es Dios actuando en la mente y el cuerpo?

¿Ves tú ahora lo sencilla, aunque poderosa, es esta Conciencia que existe dentro de ti, que puede soltar el pleno reconocimiento de la Gran y Pura Actividad de Dios a la mente y el cuerpo, y que permite que la maravillosa y trascendente Esencia llene cada célula del cuerpo hasta derramarse?

Yo pienso que tú no puedes menos que captar la sencillez de tu propio Ser Interno actuando en ti mismo. Vuélvete frecuentemente hacia Él. Ámalo, alábalo, ordénale que crezca en cada célula del cuerpo, en cada necesidad de la actividad externa, en el hogar, con los negocios, etc. Cuando tu deseo sea proyectado revestido en la Presencia, Poder e Inteligencia de Dios, no puede fallar. Tiene que traer aquello que tú necesitas o deseas, ya que el deseo no es sino una actividad más pequeña que un decreto y el decreto es el reconocimiento del deseo cumplido. Yo te aseguro que no debes nunca temer el uso de este gran Poder.

No es necesario que te diga que, si lo usas mal, causarás inarmonía. Si lo usas de manera constructiva te traerá tales bendiciones que no podrás sino vivir alabando y agradeciendo. Este Poder está esperando que lo dirijas de forma consciente.

La persona que dijo un día bíblico: «¿Quién de ustedes puede añadir un codo a la estatura con el pensamiento?» ahogó la actividad y el progreso individual, ya que el pensamiento y el sentimiento son el Poder Creador de Dios en Acción.

El uso sin control del pensamiento y el sentimiento ha traído consigo todo tipo de contrariedades, enfermedades e inconvenientes. No obstante, son pocos los que creen esto, y siguen causando el caos en sus mundos con sus pensamientos y deseos sin orden alguno cuando podrían, tan sencillo como respirar, volver a usar su pensamiento de manera constructiva, y con el motivo del Amor crearse un paraíso perfecto en un lapso de dos años.

Incluso la Ciencia ha probado que la forma exterior y el cuerpo interior se renuevan por completo en pocos meses, es decir, pues, que mediante la aplicación de las leyes verdaderas del Ser ¡qué fácil resulta causar la perfección del cuerpo exterior entero, y que cada órgano recobre su actividad normal y perfecta en poco tiempo! Sería imposible que la inarmonía penetrara en el pensamiento o en el cuerpo. Esta es la puerta abierta de Dios ante ti que nadie puede cerrar sino tú, que nadie puede obstaculizar ni interferir. Usa con valentía tu dominio y poder Divino y sé libre.

La única manera de mantener esta libertad perfecta es a través del conocimiento consciente y aplicado. Te contaré un secreto, que si fuera entendido por la persona iracunda o discordante la alejaría de esa actividad destructiva, aunque no fuera sino por motivaciones puramente egoístas. Quien es iracundo, condenador, y envía pensamientos y palabras destructivas hacia otro, recibe de vuelta la cualidad negativa con que inundó sus sentimientos, palabras y pensamientos. En cambio, la otra persona, si está estabilizada en su poder Divino, recibe la energía que le resulte necesaria, calificándola. Así el Creador de discordias, con su ira y condenación, se está destruyendo solo a él mismo, a su mundo y asuntos.

Aquí hay un punto vital que deben entender los estudiantes. Cuando uno de forma consciente busca alcanzar el Círculo Electrónico Interior de Dios, convierte su expresión y actividad exterior en un canal Incesante para el flujo de la Esencia pura que le viene de la Divinidad. Esto, en sí, aunque él se mantenga en silencio absoluto, es uno de los más grandes servicios, conocido por pocos seres que están conscientes de lo que representa para la humanidad.

Quien está tratando de alcanzar el interior del Círculo Interior magnético llega a ser un manantial sin fin: y la propia radiación es una bendición para la humanidad.

Así, siglo tras siglo, han existido aquellos altruistas mensajeros de Dios a través de los cuales es esparcida, para la bendición de los que no comprenden, la Presencia Elevadora de esa energía que fluye. Cuando se encuentran uno o más que puedan ser un canal para esta gran presencia acumulada, se parece a las primeras goteras de una filtración en una represa.

A medida que la conciencia se sostiene firme, y a medida que aumenta la brecha en la represa, un mayor volumen de agua pasa y, finalmente, toda obstrucción acaba eliminada y se proyecta íntegra la fuerza para ser utilizada.

A diferencia del agua estancada que se desborda, disipándose porque no tiene dirección, el Poder Divino, así liberado, va directamente al canal de conciencia más receptivo y allí se amontona, en espera de la oportunidad de manifestarse de más maneras.

Así el aprendiz de la Luz, además de su actividad en dispensar la Verdad, se convierte, por decirlo de alguna manera, en un pozo artesiano de cuyas profundidades fluye esta extraordinaria esencia de Dios.

Los estudiantes deben siempre recordar que sin importar los errores que hayan cometido, Dios nunca critica ni condena, sino que ante cada tropiezo responde, dulce y amorosamente: «levántate, hijo, y comienza de nuevo, sigue ensayando hasta que logres la verdadera victoria y la libertad de tu dominio divino». Siempre, cuando uno es consciente de haber cometido un error, el primer acto debe ser invocar la Ley del Perdón y pedir fuerza y sabiduría para no repetir la equivocación por segunda vez. Dios, todo amor, tiene una infinita paciencia, y no importa el número de nuestros errores porque siempre se puede decir «elévate y sube al Padre». Tal es el amor y la libertad en la que los Hijos de Dios tienen el privilegio de actuar. No hay más que un solo proceso invencible para evolucionar, y es mediante el poder de generar de forma consciente el Amor Divino. El Amor, que es el eje de toda vida, mientras más lo usemos conscientemente, más fácil y rápidamente libraremos el magno Poder de Dios que, como una gran fuerza reservada, siempre está esperando una apertura para proyectarse por nuestra propia conciencia.

Por primera vez en muchos siglos, los faros o rayos de la Ciudad Dorada, situada en el Plano Etérico sobre el desierto de Sahara, están puestos en operación activa sobre América y toda la Tierra. Puede que algunas personas sean capaces de ver estos Rayos sin entender lo que significan.

El hombre no puede seguir pensando que puede continuar generando fuerzas destructivas y, a pesar de ello, sobrevivir. Aquellos que pueden esparcir el conocimiento del Círculo Magnético ya no deben ser privados de sus beneficios. Que lo divulguen junto con la alerta.

Usa la siguiente afirmación: «YO SOY la actividad cumplida y el Poder sostenedor de toda cosa constructiva que yo desee». Recurre a ella como un decreto general, porque el poder sostenedor está en todo lo que existe. «YO SOY» aquí y «YO SOY» allí, decretado en todo lo que desees lograr, es un maravilloso decreto para usar la Única Actividad y para elevarse por encima de la conciencia de separación.

Capítulo IV

La Llama Creadora que «YO SOY» es la Llama de Dios. Su Presencia Maestra está anclada en el corazón de todos los hijos de Dios, aunque en algunos no es más que un destello. No obstante, si se trata de manera correcta, este destello puede transformarse en un gran Fuego Creador y una Llama Consumidora.

Esta Magna presencia, en sus múltiples actividades, es la actividad omnipresente que todos podrían usar sin límites si pudieran eliminar de su conciencia aquello que no es sino apariencia y que los ha atado a través de años sin fin.

Actualmente, el Cetro de Poder y Autoridad está a la vista frente a cada estudiante que va adelantado. Inicialmente puede alcanzarlo a través de la mente y tomar ese Cetro de Autoridad y usarlo: pero rápidamente se dará cuenta de que lo puede usar visiblemente y de manera casi tangible.

No es una promesa vacía que aquellos que buscan la luz recibirán este dominio. Cuando atravesamos un bosque sabemos que podemos volver por el mismo sendero, pero la decisión es nuestra. De la misma forma, tras centenares de años persiguiendo poder y autoridad en lo exterior, encontramos que mañana habrá desaparecido, como si estuviera sobre arena movediza.

Por la aceptación gozosa de tu dominio Divino puedes pisar con firmeza la base segura de la Roca de la Verdad, que es Dios mismo. Ningún disturbio externo puede jamás tocarla, una vez que tú lo hayas aprendido por experiencia propia.

Los discípulos de la Verdad se preguntan por qué dudan ellos en su decisión de mantenerse firmemente asidos o anclados en la PRESENCIA DE DIOS, ya que esto representa el dominio que están buscando. No examinan la forma en que están actuando para descubrir qué es lo que están haciendo que les causa tal perturbación y duda; pero para aquellos que aprovechan la autoridad que les pertenece e investigan a profundidad en sus propias causas, les será muy sencillo separar la cizaña de los granos de oro y sentirse rápidamente libres de la perturbación que les hace dudar de ellos mismos, y hasta de la PRE-SENCIA DE DIOS, que late en sus corazones.

Cuando los estudiantes tengan consigo mismos y con Dios la PRESENCIA «YO SOY», la suficiente honradez para arrancar todo lo que esté causando ese disturbio interno, sentirán esa Magna Luz, irradiación del Gran Ser Divino, y descubrirán que con poco esfuerzo e inteligencia esta luz se transforma en poder, Fuerza y Seguridad, aferrados a esa Roca de la Verdad que es una de estas Grandes Joyas del Reino de Dios; y esta Luz deslumbradora los abrazará a la más leve invitación.

¡Oh, estudiante de hoy! Permanece aferrado a esta Magna Presencia que late en tu corazón, cuya vida fluye a través de tus venas, cuya energía se esparce en tu mente. Tú tienes libre albedrío y puedes calificarla y bendecirla para que te haga más perfecto o imperfecto. No olvides que por aquello de no invocar esta Magna Presencia has creado inarmonías y desórdenes. Tienes que darte el tiempo suficiente para alcanzar el pleno reconocimiento a este gran poder y entregarle toda la actividad de tu vida.

No seas impaciente si las cosas no se arreglan tan rápidamente como a ti te gustaría. Todo funciona de acuerdo con la velocidad de tu propia aceptación y la intensidad de tus sentimientos.

Esta gran energía que surge a través de tu cuerpo y mente es la pura energía magnética de Dios, la Gran Presencia «YO SOY». Si tus pensamientos se mantienen con gozo en tu ser divino, como origen de tu ser y tu vida, esa energía pura electrónica actuará incesantemente, de forma incontaminada, por calificación discordante humana.

Pero si tú permites, consciente o inconscientemente, que tu pensamiento se infeste con la discordia que con frecuencia lo rodea, tú mismo cambias el color y la calidad de esta energía radiante y pura.

La energía está obligada a actuar, y tú eres el que determina cómo ha de comportarse hacia ti. No creas nunca que puedes escapar de este hecho evidente. Es una Ley inmutable y ningún ser humano puede cambiarla. Los estudiantes tienen que comprender y mantener esta actitud si quieren progresar continuamente.

Les digo, queridos míos, que por más que duden, teman y se rebelen ante la autocorrección, ella es la puerta abierta a su propia gran iluminación y libertad de toda la limitación humana exterior.

Muchos estudiantes, cuando alcanzan un cierto grado de comprensión, descubren que los resultados de sus actividades purificadoras les son revelados y, enfrentándose a muchas equivocaciones que hay que corregir, se desconsuelan, criticándose y condenándose ellos mismos y a Dios. Este es otro gran error. Todo aquello que les es revelado para ser enmendado debe ser motivo de inmensa alegría, ya que es una oportunidad para avanzar, enmendando errores que antes estaban ocultos. Con la certeza de que Dios es el poder de pensar, saben que albergan dentro de sí el poder de corregirse y deben poner manos a la obra.

La vida de Dios que les late en el pecho es prueba suficiente de que tienen la inteligencia y el Poder de Dios con los que disolver y consumir todos los errores y creaciones discordantes que han fabricado a su alrededor, de manera consciente o inconsciente, y que pueden decirles a estas creaciones no deseadas: «YO SOY la Magna Llama consumidora que ahora y para siempre disuelve todo error pasado y presente, su causa y su núcleo y toda creación indeseable, por lo cual mi ser externo sea responsable».

Es raro, pero parece que los estudiantes tienen problemas para anclarse en el reconocimiento del poder ilimitado que tienen cuando pronuncian «YO SOY», cuando incluso el intelecto, que es solo la actividad externa, lo sabe. Los estudiantes deben intensificarlo con todo su esfuerzo, sintiendo enérgicamente la verdad de ello, y entonces encontrarán gran velocidad y poder adicional al usarlo. Yo te digo, querido estudiante, que ha llegado el momento en que puedas usar este poder con gran autoridad para liberarte de las cadenas de limitación que te han mantenido atado por tanto tiempo.

Ordena tu casa con determinación. Si fueras a recibir a un huésped distinguido, seguramente pasarías días trabajando con esfuerzo, puliendo y preparando todo para recibirlo. ¡Cuánto más importante es prepararte para este gran principio de amor y paz, el principio del Fuego Consumidor que vive dentro de ti y controla el elemento fuego!

Cuando uno piensa en Oromasis, príncipe del elemento Fuego, está pensando en la llama del fuego creador, y está invocando su ayuda para avivar este poder creador, lo cual trae resultados que no somos capaces de imaginar.

Cuando tú hablas en el Nombre, Poder y Autoridad del Gran «YO SOY», estás liberando energías ilimitadas para que tus deseos se hagan realidad. ¿Por qué, entonces, seguir permitiendo que la duda y el temor te persigan cuando «YO SOY» es la puerta abierta de la opulencia de Dios, que está esperando para derramarse en salud, bendiciones y prosperidad? No tengas miedo de ser, sentir y utilizar esta Magna Autoridad, Dios en cada uno.

¡Querido estudiante! ¿No te das cuenta de que puedes manifestar la perfección en poco tiempo, tomando la determinación de afirmar con suficiente intensidad: «YO SOY la inmensa Energía Magnética que fluye, que renueva, que llena cada célula de Mi Mente y Mi Cuerpo ya, en este mismo momento»?. ¿No te das cuenta de que a pocos minutos u horas puedes disipar cualquier disturbio de mente o cuerpo y permitir que esa pura Magna Energía haga su trabajo sin influencia, sin ser afectada o colorida por elemento alguno de tu propia mente? Si tú puedes renovar un nervio, un órgano, construir cualquier parte de tu cuerpo a su original perfección, de manera casi inmediata, ¿por qué no sentirlo y utilizarlo? Y a medida que descubras los resultados admirables, asombrosos, tu fe y confianza efectuarán su perfecta actividad y tu mente ganará toda la confianza necesaria en esta gran Presencia y Poder y su uso Omnipresente y sin límite.[3]

---

3   Las Huestes de Ángeles se regocijan en el regreso del viajero que tanto tiempo ha intentado encontrar autoridad en el exterior, no habiendo encontrado sino tusas. Después que su energía ha sido consumida, vuelve a casa y ahí encuentra la fuente que lo reconstruye de todas las discrepancias, aun la llamada «vejez». Entonces puedes mostrarte renovado en la plenitud de juventud y poder, porque así es el sendero de la vida de Dios. Hace que se

Cuando parezca que hay un fallo de energía, plántate alegre y seguro, con determinación, y manifiesta: «YO SOY la Magna Presencia de esta Energía Alerta y Radiante que surge a través de Mi Mente y Mi Cuerpo, disolviendo todo lo que sea diferente a ella misma. Yo me planto para siempre en esta alerta y radiante energía y gozo para siempre».

Tú puedes pasar esta energía pura por tu mente y tu cuerpo así como paso yo mi mano por tu frente. En mi memoria no hay un momento en que haya habido tanta asistencia al alcance del estudiante de la luz, y tú debes, gozosamente, sacar provecho de ello.

Inicialmente, si no sientes ninguna fuerza magnética atravesarte, de ninguna manera pienses que no has recibido esta gran energía, ya que tú le has ordenado, con la autoridad al Dios «YO SOY», que fluya por tu mente y tu cuerpo.

Puedes hacer lo mismo con los negocios o asuntos que no se estén desarrollando con todo el orden y armonía que deseas. Ponte de pie (porque esto te hace sentir la autoridad) e invoca a tu gran presencia «YO SOY», y envíala al mundo de tus negocios. Ordénale que consuma todo lo que no sea igual a ella misma y que lo reemplace con la perfección de Dios que «YO SOY». Ordénale que se mantenga a sí misma, que manifieste su autoridad incesante y que limpie tu mundo de toda cosa discordante. Y termina manifestando: «YO SOY la Suprema Autoridad, Dios en Acción».

No hace falta ponerse tenso ni tampoco permitir que el cuerpo se ponga tenso, solo debemos subir en la supremacía y dignidad de nuestra autoridad divina y limpiar todo lo que necesite ser limpiado. Cuando hacemos esto no es necesario levantar la voz, sino hacerlo con voz baja, pero con tono de Maestría.

Ponte de pie en tu cuarto y declara: «YO SOY dueño de mi propio mundo. YO SOY la victoriosa inteligencia que los gobierna. Yo ordeno a esta Gran, Radiante e Inteligente Energía de Dios que entre a Mi Mundo, te ordeno

mantenga una maravillosa acción vibratoria expresando cuando cada uno habla suavemente. ¡Si pudieras ver la acción interior disipando al instante toda discordia!

que me traigas la Opulencia de Dios, hecha visible a Mis Manos y para mi Uso. Te ordeno que crees toda la Perfección. Yo no SOY ya más el niño en Cristo, sino la Presencia Maestra que ha alcanzado su plena estatura. Yo hablo y ordeno con autoridad».

Se pueden disolver los errores cometidos y recrear prontamente la perfección que se desea. Tener la certeza de que es autosostenida, siempre que no la mezclemos con actividades destructivas del pensamiento y el sentimiento. Sinceramente deseo que tú sientas que eres la única autoridad en tu mundo. No tengas miedo de que, al perfeccionar tu mundo, puedas desfigurar el mundo de otro o de otros, mientras no tengas intención de dañar a alguien. Tampoco importa lo que digan los demás, o cuánto intenten ellos frenarte con sus dudas, temores y limitaciones. Eres la suprema autoridad en tu mundo y lo único que tienes que hacer es decir, cuando te persigan esas condiciones: «YO SOY el Gran Círculo Mágico de protección alrededor de mí que es invencible, que repele todo elemento discordante que intenta entrar a molestarme. Yo SOY la Perfección de Mi Mundo y esta es autosostenida».

¡Oh, querido! Ya no es necesario dudar, inquirir o cuestionarse acerca de que «YO SOY la Autoridad». Atrévete, usa esta autoridad de Dios que se manifiesta en el «YO SOY» de todo cuanto existe. Porque tú has deseado la Presencia de los grandes Seres Ascendidos. Entonces decreta: «YO SOY la Presencia visible de aquellos llamados Ascendidos Maestros que deseo ver aparecer aquí ante mí y cuya asistencia invoco».

Ha llegado el momento en el que puedes descargar toda contrariedad de tu mente. Si llenas tu mente con esta esencia electrónica pura, ninguna discordia podrá entrar. Te digo nuevamente: tú eres la autoridad en tu mundo, y si tu pensamiento está permeado de esta Esencia, no puede tocarlo ninguna discordia. Vamos a tomar esta autoridad y la vamos a usar, vamos a limpiar toda discordia y vamos a declarar sin dudar: «YO SOY la supremacía del hombre». A donde quiera que yo vaya, «YO SOY, Dios en Acción».

Capítulo V

Actualmente, la gran necesidad es la curación de las Naciones y las personas. Así como se ayuda al individuo derramando sobre él la energía electrónica a través de su mente y su cuerpo y por medio de su «YO SOY», permeando cada célula, de la misma forma, en un grado mayor de expansión, se puede tratar a una Nación. Una Nación es un gran cuerpo de individuos y de creaciones de la naturaleza. Tenemos el mismo poder sobre ella que sobre el individuo, siendo, como somos, la presencia de Dios Individualizado. Sabemos, pues, que «YO SOY» está presente en todas partes, y cuando la conciencia sea dueña de esta expansión, la energía será capaz de actuar en todas partes, tanto en las células del cuerpo mundial como en las células individuales. Debemos darnos cuenta de que la Presencia Activa de Dios Todopoderoso está presente en todas partes, que no hay ningún lugar, por pequeño que sea, en el que esté ausente, que esta presencia activa une a toda la creación humana y consume al instante todo lo que no trae armonía o es indeseable, y que lo único que la detiene es el libre albedrío del individuo a través de su ignorancia y su propia creencia.

Mediante el «YO SOY», la Divina Sabiduría actúa rechazando todo lo que no deba entrar en el sistema. La Omnipresente Sabiduría, a través de nuestra acción consciente, siempre nos está señalando el no aceptar nada de aquello que en nuestros sentimientos, pensamientos o alimentos pudiera alterar nuestra actividad armoniosa.

Las corrientes de energía cósmica pura están constantemente fluyendo por todas partes como las luces de un faro. Nuestras actividades externas siempre deben estar dispuestas a recibir estas corrientes de vida que son energía cósmica pura y que siempre está fluyendo en la atmósfera de la tierra.

Es cierto que donde las condiciones son demasiado tupidas para que esta energía las penetre, ella las rodea por encima y por debajo y sigue su rumbo. Desde el año 1932, cada persona camina dentro de grandes corrientes sanadoras. Por el poder de Ciclópea (Vista), la estrella secreta de amor, y los rayos provenientes de la Ciudad Dorada, las grandes corrientes sanadoras son dirigidas conscientemente a través de la atmósfera de la tierra. Estas, como verás, son la Energía de Dios en Acción y naturalmente autosostenida. La conciencia individual de esta Presencia te permitirá contactar estos rayos cuando lo necesites.

A aquellos que sientan un sentido de patriotismo y que quieran ayudar a su propia Nación, les diré que estas corrientes sanadoras no solo llegan a personas, sino a condiciones, ambientes y lugares oficiales también, como una llama inteligente y que en la actualidad está haciendo una labor de protección y elevación para los hijos de la tierra, como nunca lo había hecho antes desde la creación de este planeta; y que mientras más personas se dan cuenta de esta operación, mejores serán en el papel de mensajeros y asistentes en este trabajo maravilloso.

Hay una influencia adversa con la cual nos estamos enfrentando en la actividad terrenal; es una fuerza mental que sustenta las guerras y se manifiesta de forma consciente. Los que deseen trabajar para revertir esta situación deben meditar la idea siguiente hasta que internalicen el pleno significado que encierra: deben saber que si ellos dirigen esta energía magnética a través de la tierra, ella irá directamente y sin interrupción al sitio indicado y verá obrar la energía en forma insospechada.

Hay quienes, siendo muy bondadosos y dedicados, se dan cuenta súbitamente de que tienen que dejar ciertos alimentos y ciertas actividades, lo que les causa una especie de shock. Yo les diré que la Divina Inteligencia dentro de cada uno les hará que dejen con naturalidad las cosas que no estén en concordancia con la Gran Presencia, a cada paso y cuando sea necesario. Para que alguien se abstenga de algo conscientemente, tiene que sentir que hay algo más fuerte que merezca anclarse en ello. A medida que los estudiantes se hacen conscientes de esto, reciben la fuerza y la confianza para dar el paso.

Aquellos que vienen a tu casa merecen la protección divina que a ti te gusta darles. Te sugiero que una vez al día cargues la atmósfera de tu casa con pura energía magnética, es decir, con la Presencia de Dios, para que no entren en tu casa ni alimentos ni presencias indeseables. Envuelve a tus visitas en el manto electrónico de la Presencia «YO SOY», pero no fuerces estas cosas en quienes no lo hayan pedido.

Cuando tú dices «YO SOY», reconoces el poder que elimina toda barrera y oposición. El ser humano es como un león muerto de hambre en la selva: rompería lo que fuera necesario para conseguir la comida. La conciencia rompería en pedazos a su menor amigo para salirse con las suyas.

En todo elemento astral hay el elemento del deseo humano. A menos que la mente se bloquee por completo al mundo astral, se encontrará uno con frecuencia interrumpido en toda buena decisión, porque se le habrá dejado la puerta abierta a una fuerza mucho más sutil que toda fuerza que hay en el mundo físico. Muchos piensan que hay fuerzas buenas en el mundo astral: yo te aseguro que ninguna fuerza que venga del astral es buena. Cualquier fuerza buena que parezca venir de allí ha fabricado su propio túnel para poder pasar.

Primero, ¿qué forma el mundo astral? No hay más que un solo lugar donde se pueda albergar una creación humana no deseable, y es en el próximo escalón de actividad humana, EL REINO ASTRAL. Este plano de actividad astral contiene todas las formas indeseables acumuladas a través de los siglos. De manera que es fácil ver que nada bueno puede salir de contacto alguno con este plano. No contiene absolutamente nada del Cristo.

Hay quienes tienen una confusión, que denominan «La Estrella Astral», pero eso es un error. En realidad es «La Estrella Astrea». Este es un Ser Cósmico de la Cuarta Esfera, y cuya misión es la de consumir todo lo posible de lo perteneciente al Reino Astral, como también el de llamar la atención de individuos atraídos al Plano Astral. Este gran Ser, finalmente, aclara la comprensión de estos individuos y disuelve sus deseos de mantener algún contacto con ese reino indeseable. No hay niños en el Plano Astral. El hogar de los niños que dejan la tierra es el Plano

Etérico. La gente encarnada, cuando está dormida, se encuentra en la misma esfera que los desencarnados.

La Presencia «YO SOY» tiene una conciencia autosostenedora de tal magnitud que, si uno sale con ella al dormirse, se pueden alcanzar alturas increíbles. Si tú tienes conciencia de tu «YO SOY» en tu conciencia exterior, y te llevas estas conciencia cuando entres a otros planos, es una presencia sostenedora sin igual.

Hay un momento en la experiencia de nuestra vida en el cual necesitamos usar y reconocer de manera consciente la frase «YO SOY la Presencia de Dios en Acción». Cuando tú tengas esa conciencia y la lleves voluntariamente a través del velo del sueño, tu alma fuera del cuerpo actuará con poderes ilimitados.

Si en el estado de vigilia tienes necesidad de algo, antes de dormirte puedes manifestar lo siguiente: A través del Magno Poder e Inteligencia que «YO SOY», mientras mi cuerpo duerme, hago el contacto necesario que me cumplirá abundantemente este requerimiento, sin importar cuál sea.

Debes saber que esta actividad autosostenida no puede fallar nunca, y que es una forma maravillosa de poner en movimiento a la Presencia «YO SOY», ya que cualquier cosa que el «YO SOY» ordene mientras el cuerpo duerme tiene que ser obedecida. Yo conocí un caso en el que había necesidad de protección. Quien la usó tenía cierta conciencia de la Presencia. La persona cayó por un barranco, pero la Presencia de «YO SOY» inmediatamente construyó una forma que atrapó al individuo y lo puso a salvo antes de que la caída fuera a peor.

Cuando se tiene conciencia espiritual y se va a cualquier ambiente donde exista peligro, debe hacerse un tratamiento rápido para la protección propia, ya que mientras uno no haya ascendido, el cuerpo tiene la costumbre de contactar el pensamiento exterior de la humanidad. Si el estudiante sube una montaña, debe hacer un trabajo protector, que consiste en afirmaciones protectoras. Si mantiene siempre esa actividad protectora puede fácilmente evitar la destrucción de terceros. Por ejemplo: «Dios es el

Poder Omnipotente protegiendo y dirigiendo este avión (barco, tren o carro), de manera que se mueva en una zona absolutamente a salvo».

En el camino tienes que estar en acción consciente todo el tiempo. Habrá quienes piensen que esto significa tener miedo, pero no es así; por el contrario, es reconocer el Poder Protector Omnipresente.

Dios todo lo ve y todo lo sabe. Él mira hacia adelante y evitará contactos no deseados. Cuando tú dices: «Dios está manejando este vehículo», la vista divina va delante, mirando cuadras y kilómetros, y vendrá el impulso de salir por caminos libres de interrupciones de tráfico. Nuestro paso se verá sin obstáculos de ningún tipo, porque es Dios quien está manejando el vehículo.

Hay dos causas que ocasionan accidentes en los estudiantes. La primera, que al enfadarse dejan abierta su aura y la puerta astral. La segunda, que se olvidan de hacer el trabajo protector. Cada vez que hacemos algo con actitud positiva y dinámica, el exterior va adquiriendo más confianza, más fe y no puede errar.

Otra forma de protegerse es la de proyectar el cinturón electrónico alrededor nuestro o de terceros, diciendo: «YO SOY el cinturón o el anillo o el círculo protector alrededor de mí» (o de quien sea). Ese cinturón electrónico se forma inmediatamente y es impenetrable e invulnerable a todo lo negativo. Date cuenta de que cuando tú dices «YO SOY», lo que sea que tú ordenes es Todopoderosa e instantáneamente cumplido. No puedes recurrir a la presencia «YO SOY» sin que logres actividad instantánea.

Repite con frecuencia: «YO SOY la Inteligencia protectora omnipresente y omnipotente que gobierno esta mente y este cuerpo». Esto será inmediatamente cumplido y en acción, porque has dicho «YO SOY». El «YO SOY» que está en todas partes presente está en ese punto haciendo el trabajo. Esta es la forma de poner en acción la Todopoderosa presencia «YO SOY», por los caminos más directos. Ella es TODO EN TODOS. Y recuérdale a tu conciencia exterior que cuando tú manifiestas «YO SOY» has puesto en función todos los atributos de la Divinidad: Estás ya en un punto en el que debes ver actividad inmediata. Cuando tú dices «YO SOY», en cualquier condición, significa que está ocurriendo una acción instantánea por el poder más grande del Universo. En el mismo momento en que te haces consciente de que el «YO SOY» es la plena actividad de Dios, y que contiene todos los atributos de Dios, entras en pleno uso de ese gran poder.

Di con frecuencia: «YO SOY la Presencia que produce este hogar maestro». Cuando tú dices: «YO SOY la ascensión de este cuerpo físico ahora», has aceptado y entrado en esa acción en ese mismo momento. Cuando estás trabajando por adquirir luz en acción ilimitada, estás esforzándote por conseguir la cosa más grande que existe en el mundo. Llena tu mundo con la presencia «YO SOY» y, cuando lo hagas, siente que lo haces de manera consciente.

Si tú dices en plena conciencia «YO SOY la perfecta actividad de cada órgano y célula de mi cuerpo», esto tiene que manifestarse. Solo tienes que estar consciente de esto y se hará. Usa con frecuencia «YO SOY la perfecta salud manifestada ahora, en cada órgano de mi cuerpo». Pon tu confianza en tu «YO SOY», en vez de ponerla en la medicina externa. No puedes decir, por ejemplo: «YO SOY la perfecta actividad inteligente en este cuerpo» y al mismo tiempo estar pensando en que vas a tener que tomar algún medicamento.

Para limpiar la mente, expresa: «YO SOY la Inteligencia perfecta activa en este cerebro». Para los ojos y los oídos, manifiesta: «YO SOY la perfecta visión mirando a través de estos ojos», «YO SOY la perfecta audición oyendo a través de estos oídos». Ejecuta estos tratamientos con perseverancia y no puedes fallar. Tienes las riendas: úsalas y evita toda palabra que te recuerde la condición limitada anterior. Cuando estés consciente del «YO SOY», que no te importe lo que haga nadie en este mundo; y no debe preocuparte otra cosa que tu propio mundo, ya que tú has logrado que el «YO SOY» esté en todo.

Para cuadrar el círculo, usa la actividad «YO SOY». No prestes atención a lo que diga nadie más. Solo di, específicamente, lo que tú quieras producir. Repite una y otra vez:

«YO SOY la Única Presencia actuando en esto, YO SOY la Única presencia actuando en mi mundo».

Para encontrar cosas perdidas, di: «YO SOY la Inteligencia y el ojo todo avizor que encuentra todo». Te sorprenderá la sensación que se va esparciendo en tu interior cuando no tengas que mirar a ninguna otra cosa sino a tu querido y magno «YO SOY».

Elimina de tu mente todo menos la operación consciente de «YO SOY», pues es el poder más grande. Internalizarás la idea de que todos estos aparentes milagros se producen con facilidad.

En el caso de que quieras iluminar una habitación, di: «YO SOY la iluminación de este cuarto». Entonces la energía actuará sobre los electrones del cuarto, ya que iluminar la atmósfera de un cuarto es tan fácil como levantar la mano. Tu habilidad para iluminar una habitación es tan apropiada como el conseguirlo mediante una lámpara eléctrica. Tú puedes, con la misma facilidad, conducir la corriente eléctrica universal a través de ti, como la electricidad corriente es conducida a través de los cables. Para hacer visible la iluminación que está dentro de tu propio cuerpo, o sea, para irradiarla visiblemente, di: «YO SOY la iluminación visible a través de este cuerpo ahora». En tu interior hay un punto local.

El «YO SOY» que está dentro de ti creó todo en el Universo. Cuando tú entres en la confianza de tu «YO SOY», Él eliminará todo obstáculo. Usa con frecuencia: «YO SOY el Poder y la Presencia consumidora de todo temor, duda y confusión que pueda existir en mi mente exterior, sobre la invencible actividad del YO SOY». Emplea este ejercicio y siempre sabrás, de manera inmediata, lo que debes hacer.

La conciencia del individuo oculta la forma con los conceptos pertenecientes a Él, y cuando estos son agrupados en torno a la persona que ha generado cierta energía, no le impone a esta otras condiciones que las de su propio mundo.

Cada vez que te sientas contento y lleno de impulso aprovéchalo, úsalo y decreta.

Capítulo VI

Con frecuencia, recuérdale a la conciencia exterior que cuando tú dices «YO SOY», evocando el poder infinito de Dios, has puesto en funcionamiento ese poder para cumplir a cabalidad la idea que albergas en la conciencia.

Los estudiantes sinceros no deben olvidar esto nunca, hasta que la verdad se radique y actúe de forma automática. Verán, entonces, lo absurdo que es decir «estoy enfermo, estoy económicamente restringido» cuando sientan que les falta cualquier cosa.

Te aseguro que es imposible que te veas afectado por nada si te mantienes en la idea anterior. Úsala. Cuando estás resfriado, no necesitas que se te diga que debes usar un pañuelo. Entonces, ¿por qué necesitas que se te recuerde que la actividad exterior no tiene sino un solo poder que le permite moverse, y que es la presencia «YO SOY» Dios en ti? Lo malo de los estudiantes sinceros, es que no meditan con suficiente frecuencia sobre esta verdad, para que su Maravillosa Presencia entre en actividad.

Por ejemplo, si dices «YO SOY la Majestuosa y Victoriosa Presencia que llena todos los cargos oficiales» descubrirás cuán bendecido serás por haberlo manifestado.

Sé muy cuidadoso con tus contactos exteriores, para que no aceptes en ignorancia la apariencia de cosas, o el temor de aquellos que se llaman financistas. Dios gobierna tu mundo, tu hogar, tus negocios y eso es todo lo que debería importarte.

Nunca pienses que estás dejando que la imaginación se desborde porque sientes la cercanía de la Gran Presencia que mantiene en ti todo lo que puedas desear o usar. Tú no dependes de cosas exteriores. Con esta feliz entrada a este Magno Poder y Presencia que todo lo contiene, ¿no ves tú que si todo se terminara, tú siempre tendrías provisiones? Yo quiero que sientas, que aceptes con dicha y que con todo tu ser reconozcas que el poder de precipitación no es un mito: es real. Quienes entren en este sentimiento con suficiente profundidad tendrán la precipitación de todo lo que desean.

Hay niños que han recibido castigos por ver seres angelicales y por expresar que tienen una percepción interior. Son los padres de esos niños los que deberían ser castigados, por atreverse a obstaculizar el don divino de la libertad del niño. Si los mayores vivieran más en el imaginar consciente y en la aceptación de la Gran Presencia, de cuya existencia duda la humanidad, sentirían esa presencia elevándolos y proveyéndoles de su inteligencia.

¡Querido!, si de repente sientes que necesitas fuerza o valor, di: «Yo estoy aquí, surgiendo y supliendo inmediatamente». Si necesitas armonía, de mente o cuerpo, di: «Yo estoy allí, supliéndote instantáneamente y no necesitas esperar».

No pierdas el tiempo pensando en el mundo o en los individuos que no entienden estas cosas. Sigue regocijado en la presencia activa, visible, de lo que tú desees manifestar y ver precipitado en tu vida y tu uso: «YO SOY la Presencia Activa y Visible de esto que yo deseo, ya manifestado».

Nuestro sentido común debe decirnos que a menos que nosotros esperemos, aceptemos y gocemos ya aquello que deseamos, ¿cómo lo vamos a conseguir? El pobre e insignificante ser exterior alardea, diciendo: «YO SOY demasiado importante para poner atención a semejantes cuentos de hadas». Pues déjame decirte que, algún día, aquellos que hablan así van a estar muy contentos con estos cuentos de hadas y llenarán su mente con esas ideas para verlas progresar.

En cada contacto con el mundo exterior de los negocios, y cada vez que haya una condición negativa que intente aproximarse a tu mundo, rápidamente toma esta determinación: «YO SOY la Precipitación y la Presencia Visible de cualquier cosa que yo desee y no hay hombre ni cosa que pueda interferir en ello».

Al hablar de precipitación, no solo me refiero a la apertura de los canales invisibles, sino a cualquier canal, ya que todo es precipitación, lo creado y lo no creado todavía, y no hay sino una mínima diferencia de actividad.

Cuando yo reconozco quien «YO SOY», he entrado en el

gran silencio donde está la actividad más importante de Dios. Este reconocimiento debe traer grandes revelaciones al individuo si él acepta esto dichosamente.

En tu experiencia exterior, la práctica de cualquier actividad desarrolla más y más tu capacidad, ¿no es cierto? Si uno puede aplicar esto a una actividad exterior, ¿no ves tú cuánto más importante lo es para una actividad interior? Cuanto más lo practiques, con mayor poder manifestarás. Sabes tú que eres capaz de hacerlo con las cosas espirituales, de manera más grande y rápida que con lo exterior, ya que en el espíritu el poder actúa de forma inmediata. No hay espera cuando el «YO SOY» actúa.

El hecho de que la masa muscular se desarrolla con el ejercicio te debe hacer entender que el mismo esfuerzo enfocado en el poder interno naturalmente tiene que producir resultados mucho mayores. Por ejemplo, los hombres creen que tienen que hacer ejercicios físicos para desarrollar los músculos. Pues yo he hecho muchas veces que mis estudiantes desarrollen su hermoso y simétrico cuerpo con músculos poderosos sin haber hecho un solo ejercicio físico. En todo desarrollo, tanto del exterior como del interior, la primera parte del ejercicio es mental. Es necesario saber que no hay más que un solo poder y energía y que viene de la presencia «YO SOY» en cada uno. Por ende, el ejercicio de tus capacidades interiores es llamado mental, pero yo te digo que es Dios en acción, porque tú no puedes formar un solo pensamiento sin la inteligencia y la energía de Dios para conseguirlo. Por lo tanto, tu actividad mental es la energía de Dios en acción. Ahora verás, pues, lo sencillo y posible es producir un cuerpo físico, fuerte y simétrico, sin hacer ejercicios musculares para conseguirlo.

La mayoría de científicos, médicos o instructores de culturismo negarán esto, pero te aseguro que se trata únicamente de que no se han informado profundamente respecto a la energía o el poder que está actuando sobre ellos, pues ninguna actividad puede tener lugar si no es por el uso de esta energía y poder interior. La gente permite que le entren vacilaciones y dudas sobre los conocimientos de estas grandes facultades que son libres y para el uso de cualquiera en cualquier momento. Lo que pasa es que se encuentran hundidas como un corcho mantenido debajo del agua, el cual, apenas se le suelta, flota hacia la superficie. Te aseguro que es triste que los estudiantes sinceros pasen tantos años esforzándose, practicando y dejando el uso de estas facultades, y luego, porque no las ven operar de forma inmediata, se dejan caer de nuevo en un estado de inactividad hasta que algo los vuelve a despertar, para recaer otra vez.

El reconocimiento perseverante y determinado de esta Presencia «YO SOY» te llevará al logro absolutamente cierto, a menos que lo abandones.

En este momento veo a un gran número de personas que, con un pequeño incentivo y la descripción sencilla de estas prácticas, saltarán a la libertad, especialmente aquellas que reciben la instrucción verbal junto con la radiación que la acompaña.

¿No resulta lamentable que los hijos e hijas de Dios sean esclavos de las limitaciones cuando con un esfuerzo perseverante y determinado abrirían la puerta y entrarían en esta gran cámara interior llena de luz, joyas, oro y sustancia de todos los alimentos del universo? Y luego con esta verdad plena frente a ellos, estos individuos dudan aún por la imposibilidad de creer que pueden dar el paso, tomar este cetro y liberarse.

Querido, nuevamente te digo: canta la gran melodía de la Presencia Conquistadora, di el «YO SOY». Canta en tu corazón sin parar, siente la melodía con toda tu capacidad, sujétate fuertemente a esa determinación. El conocimiento y el sendero de esa maestría se te abrirán, y se te manifestarán la libertad eterna. Recuérdate constantemente que ya has traspasado el velo.

Cualquier maestría que el individuo haya ganado sobre sus asuntos y su mundo es, y debe permanecer así, un retiro sagrado, un santuario interior, en donde ningún otro individuo inquisidor pueda entrar. Nadie puede lograr la maestría pretendiendo encontrar esa maestría en otros.

Buscar, encontrar y aplicar la Ley del propio Ser es el

sendero seguro hacia la maestría, y solamente cuando el individuo la ha alcanzado es que puede entender realmente lo que es la verdadera maestría. No hay más que un dominio que buscar, y es el dominio sobre el propio ser exterior.

Puedes andar al lado de un Maestro durante muchos años y no descubrirlo hasta que las propias facultades interiores se lo revelen a uno. Se puede vivir en la misma casa con un Maestro durante años y no saberlo hasta que surge una crisis y el poder real es revelado.

Que un maestro discuta o enuncie sus propios logros sería disipar sus fuerzas, y eso no debe ocurrir nunca.

Si un discípulo tiene la dicha de una hermosa experiencia y luego la discute con otros, generalmente surgen tantas dudas entre los oyentes, y que se derraman sobre él, que rápidamente comienza a dudar de sí mismo. Es realmente cómico ver cuán convincentes son los argumentos de los demás. El estudiante que escucha esos argumentos ajenos debe hacerse justicia a sí mismo, a su Yo Superior, y escuchar lo expresado por esa su experiencia interior.

En el mismo momento en que comienza a entrar la duda, si se le permite la entrada, continuará entrando sin parar. Lo mismo sucede con el «YO SOY». Si vuelves a Él tu atención, allí se precipita la energía. Querido mío, ¿no ves que cuando deseas alguna revelación o inspiración al decir «YO SOY» eso, pones en movimiento el poder con todas sus capacidades, con todas las sustancias y que tiene que asumir cualquier forma en que se fije la atención?

El «YO SOY» es la mente insondable de Dios. Cuando busca comprensión, el estudiante corriente solo está contactando a memoria de lo que ha sido, en lugar de ir al Corazón de Dios y alcanzar aquello que aún no ha sido.

Los estudiantes a veces no son conscientes de que han existido muchas civilizaciones con grandes logros totalmente desconocidos en la actualidad. Atlántida, Lemuria y la Tierra de Mu son solo fragmentos de otras grandes civilizaciones que han existido.

Para lograr hacer cosas poco comunes, aquellos discípulos que lo deseen deben tomar la decisión siguiente:

«YO SOY el Corazón de Dios, y ahora produzco ideas y cometidos que jamás han sido producidos anteriormente».

Ten en cuenta que somos aquello que deseamos ver producido. La presencia «YO SOY» es, entonces, el Corazón de Dios. Se entra inmediatamente en el Gran Silencio en el mismo momento en que se manifiesta «YO SOY». Si tú reconoces que tú eres «YO SOY», entonces lo que sea que tú declares queda inmediatamente decretado.

Creer es tener fe en lo que tú crees que es la Verdad. Hay, pues, un entretejido entre la creencia y la fe. Inicialmente se hace la creencia, si se mantiene, se transforma en fe. Si tú no crees que algo es verdad, no lo puedes traer a la manifestación. Si tú no puedes creer en tus propias palabras cuando pronuncias «YO SOY tal o cual cosa», ¿cómo puede establecerse y manifestarse el dicho de Shakespeare: «No hay nada bueno ni malo, el pensar lo hace así»? Esta es la verdad.

Si ya eres consciente de que la Energía Divina le entra a la persona en un estado de pureza perfecta, entonces tienes que darte cuenta de que es el propio individuo quien recalifica a esa energía, imponiéndole su propia impureza. Esta energía le entra al hombre ininterrumpidamente con el latido del corazón, y Él la tiñe con su propia calidad y la proyecta al exterior. Este es su privilegio como Creador, a Imagen y Semejanza del Padre. Nuestra conciencia individual está siendo proyectada, creando el ambiente a nuestro alrededor. Por eso recibe vibraciones de pesar, de tristeza, de alegría, de amor, gentileza, etc., y las siente como si fueran propias. Si son positivas, no tiene nada de qué preocuparse; pero si son de impaciencia o de tristeza, debe decirles que se retiren y ordenar que se transformen para no continuar expandiendo esa atmósfera y contagiando a los demás.

Cada uno de nosotros tiene color y sonido. Cada actividad nuestra es, pues, de un color y de un arpegio con una frase musical. Si es distorsionada, sale un sonido feo, disonante y de color sucio. A cada persona que lanza una creación fea se le devuelve la responsabilidad de aquello. Todo contiene inteligencia.

No tengas en cuenta el elemento tiempo. Cuando afirmes algo que desees que sea manifestado, hazlo con dicha y mantente firme hasta que se manifieste. Si mantienes constante la presencia «YO SOY» mientras haces aquello que tú deseas, alcanzarás la plenitud y perfección de todo lo que ya está preparado para tu uso. Todo logro permanente debe ser el resultado del esfuerzo consciente de cada quien.

¿Qué es la lástima? Es ponerse de acuerdo con lo imperfecto. No permitas, jamás, que te invada la lástima, pues es como si te dejaras llevar por arenas movedizas mientras tienes alas con las que podrías elevarte en las alturas, por encima de toda cosa destructiva, elevando al mismo tiempo aquello que estás atestiguando y que quiere producirte esa lástima. No juzgues, mantente firme en la presencia «YO SOY» y todo se manifestará de manera perfecta.

Ante cualquier condición imperfecta que veas, especialmente la vejez, di: «YO SOY la perfección de ese individuo que tiene apariencia de vejez». Así habrás puesto en acción a Dios dentro de individuo, ya que Él también pronuncia el «YO SOY», aunque sea de manera despectiva. En este caso, lo has impulsado a usarlo constructivamente.

Sin importar lo que oigas decir o debatir en el mundo exterior, permanece firme. No permitas que te afecte, pues tú estás produciendo perfección y tienes que hacerla manifestar de manera consciente.

Si no prestas atención, puede que dejes entrar una expresión que te perseguirá por años si no la eliminas. Cuando conscientemente estés usando la gran Ley, ten presente que el poder activo del pensamiento de Dios sabe perfectamente la dirección hacia la que va y actúa.

Dile con plena consciencia a tu «YO SOY» que haga lo que sea necesario. Dile: «YO SOY la Inteligencia que califica esto con lo que sea necesario». Esto, por supuesto, si te encuentras en el caso de no saber qué hacer en un momento dado. El todo es que vuelvas tu mente al «YO SOY» que te guía y te sostiene.

Una vez tuve un alumno que calificó en tal forma su círculo magnético con el poder de curación, que lo llamaban «la sombra sanadora». Cuando cualquiera hacía contacto con su círculo magnético, era sanado.

¿Por qué se individualizó Dios? Para tener algo que amar. ¿Por qué fueron divididos los rayos? Para expresar amor. El amor es el Principio Activo de Dios. Cuando tú amas, estás envolviendo aquello que amas en ese Manto de Dios, en aquella Presencia Radiante. Nunca critiques.

Cuando aparentes ver una actividad sexual incorrecta, levanta la conciencia del personaje a un ideal, de manera que el pensamiento de él entre en control consciente y, así, su actividad sexual se eleve a un plano superior.

El uso limpio y apropiado del sexo es para la expansión del amor en la procreación, de manera que el alma que viene pueda tener un carácter y un temperamento lleno de armonía y amor. El pensamiento y sentimiento de los padres son la actividad modeladora. La naturaleza del principio Vida en el individuo es amar.

La diferencia entre la compasión y la lástima es esta: en la compasión se invoca a la presencia «YO SOY» para que produzca la perfección. La lástima es energía con una sensación de imperfección, y solo intensifica la imperfección que se está manifestando.

Para controlar a un animal usa el «Yo estoy aquí y Yo estoy allí». Ordeno el Silencio. O se le mira a los ojos y se sabe que el amor de Dios lo controla.

Capítulo VII

Cuando se dio la orden «Hágase la Luz», la primera actividad fue la obediencia. Se creó la luz en cantidades ilimitadas, y lo mismo sucede con todo lo que se refiere a la actividad exterior del único Principio Activo: Dios. Es decir que la primera actividad de todo lo externo es la obediencia perfecta a la presencia «YO SOY», pues solo así se puede expresar armoniosamente la esencia pura.

Hay que trabajar en mantener calmada en todo momento la expresión externa; así sea entre amigos, familiares, socios o quien sea, de cualquier condición o edad, pues cada vez que surge el deseo de discutir, criticar o resistir es la señal de que la conciencia carnal se está interponiendo para llamar la atención sobre ella. Ese es el momento de ordenarle observar obediencia y silencio. Lo importante es mantenerse en calma, en Gracia de Amor, Luz y Obediencia.

Es inútil discutir: silencia tú el exterior. Cuando el estudiante entra ya en el camino de la consciencia, el menor indicio de resistencia o de perturbación le señala que debe decretar: «YO SOY la obediente e inteligente Actividad de mi Mente y Cuerpo, YO SOY el Poder que gobierna y ordena todo armoniosamente». Todavía no puedo enumerar los elementos perturbadores de las actividades exteriores, porque sería impulsar en el estudiante una resistencia o, tal vez, un complejo de culpabilidad. Cuando los estudiantes estén lo suficientemente fuertes para escuchar estas verdades, las recibirán. Es suficiente la intención hecha de que deben estar alertas para no aceptar resistencia ni tentaciones de criticar. Cada uno debe recurrir muy a menudo a la declaración: «YO SOY la Guardia invencible establecida y sostenida en mi Mente, mi Cuerpo, mi Hogar, mi Mundo y mis Asuntos». Esta guardia es la presencia «YO SOY», y, naturalmente, es Infinita Inteligencia. La conciencia de esto establecerá esa guardia de actividad inteligente, que no tendrá que ser repetida constantemente una vez que sea establecido el impulso, o sea, el *momentum*.

Retomemos el punto de que cada vez que usamos el «YO SOY», sabemos que está actuando el poder del Amor, la Sabiduría y la Inteligencia Divinas. Usa también la declaración: «YO SOY la Acción plenamente liberadora del Amor Divino». (Ten presente que el Amor, como virtud o atribución de Dios, es una entidad viviente, ya que Dios es Vida, y todos Sus atributos están vivos.)

Yo recomiendo como actividad de preparación para cada día que los discípulos declaren con firmeza y con dicha (sabiendo de antemano que el propio poder dentro de la declaración la hace mantenerse vigente): «YO SOY el Amor, la Sabiduría y el Poder con su Inteligencia Activa, lo que estará actuando en todo lo que yo piense y haga hoy. Yo te ordeno a esta Actividad Infinita que sea mi protección y que actúe en todo momento, haciendo que yo me mueva, hable y proceda únicamente en Orden Divino».

Y es positivo que durante el día se exprese: «YO SOY la Presencia gobernante que me precede a donde yo vaya durante este día, ordenando perfecta Paz y Armonía en todas mis actividades».

Así se fija la puerta abierta para el flujo ininterrumpido de la presencia interior que cambiará tu mundo, te impedirá el contacto con la desarmonía y hará que la paz y la armonía se hagan en todo contacto con lo externo.

Sin importar cuál sea la manifestación dentro o fuera del cuerpo, el estudiante debe adoptar la sólida determinación de que su cuerpo es el Templo del Altísimo.

Esta es una verdad incuestionable, y esta actitud mantenida de forma consciente llevará el cuerpo a la actividad perfecta, como lo es la intención divina. Yo les recuerdo siempre a los estudiantes que no hay otra forma de lograr adquirir una cualidad o un atributo deseado sino reclamándolo, sabiendo que ya existe en nuestro espíritu perfecto. El exterior se ha acostumbrado a dar por sentada la imperfección del ser humano y, por ende, no puede manifestar perfecciones bajo tales condiciones. El pensamiento del estudiante, en general, es este: «Bueno, ya comprobaré que no manifiesto esta cualidad que yo deseo y debe ser porque no estoy lo suficientemente adelantado». Pero yo te aseguro que sin importar lo que esté manifestando el cuerpo o ser humano, el fracaso es imposible cuando se ha puesto en acción el «YO SOY», ya que se ha pronunciado la Verdad, además de movilizar los atributos de Dios. Muchas veces he visto a mis estudiantes a punto de manifestar una gran victoria, y no solamente han fallado en el último momento, por la duda y la falta de persistencia, sino que le han cerrado la puerta por tiempo indefinido.

El estudiante debe obligarse a tener presente que cuando se ha puesto en movimiento el Poder de Dios, al pronunciar el «YO SOY», primero sucede el caos universal antes de que se cumpla la afirmación. No puede dejar de actuar la actividad «YO SOY», a menos que el exterior se lo impida. Esto puede ocurrir cuando la precipitación asoma ya en el plano terrenal y la «efluvia»[4] ataca para destrozarla. Todo estudiante debe ser sumamente cuidadoso para no usar el «YO SOY» en expresión negativa, porque cuando se dice: «Yo estoy enfermo, o Yo he fracasado, o Yo no estoy actuando correctamente» se está lanzando esta magna energía para destrozar aquello que desea conseguir. Esto ocurre siempre que se usa el pronombre «YO», como ya lo sabes, pues esa es la válvula que abre el «Poder Universal». Conociendo que «YO SOY» eres tú mismo, cuando dices: «me duele la cabeza, tengo el estómago malo», etc., estás lanzando la energía para que actúe en esos órganos en la forma que estás decretando, pues es igual cuando usas diferentes verbos y el pronombre posesivo. Se refieren estos a una persona, «YO». No hay sino una sola persona que pueda firmar en tu mundo, TÚ. Cualquier expresión que solamente pueda ser apropiada por ti, para ti, está incluyendo la energía y la actividad de la presencia «YO SOY». La actitud correcta es que si un órgano está actuando de manera rebelde, hay que declarar y mantener con firmeza: «YO SOY la Única y perfecta Energía ac-

---

4   La efluvia es la masa de energía negativa mal usada que flota en todo el planeta, o donde quiera que vivan seres humanos, y que está compuesta de las emanaciones mentales de todos los seres que, no conociendo la Ley de Mentalismo, no saben que sus pensamientos toman fuerza, quedan flotando y despiden una gran fuerza.

tuando aquí, por lo tanto, toda apariencia de perturbación es instantáneamente corregida». Este es el punto que hay que reforzar constantemente a los estudiantes, y si por la fuerza de la costumbre usas algún agente exterior, como por ejemplo, alguna medicación, úsala sobriamente, siempre aclarándote a ti mismo la verdad, hasta que alcances la maestría suficiente para gobernar enteramente por vía de tu presencia «YO SOY». Yo te aseguro que aunque creas que ha sido la medicación la que te ha aliviado, siempre es la presencia «YO SOY» la que le ha comunicado al medicamento el poder de aliviarte. Por ejemplo, YO, Saint Germain, he observado el entorno médico por mucho tiempo, y cada vez que una persona con autoridad dice que tal o cual medicamento ya no es efectivo, al poco tiempo el medicamento desaparece por completo del escenario. Lo que ocurre en la mente de todo individuo pensante es que considera que ciertas hierbas o sustancias tienen una acción química que corresponde al alimento dentro del cuerpo. Y yo te digo: ¿Qué es lo que te da la afinidad química? El poder de tu «YO SOY» que te permite pensar. Así, cuando le das la vuelta al «Círculo de Actividad», encuentras que no hay más que una Inteligencia y Presencia actuando, el «YO SOY DIOS EN TI».

Entonces, ¿por qué no te enfrentas a esta verdad? Plántate sin duda y piensa: «YO SOY esa Presencia en Acción». Es la misma Vida en mí y en todos los remedios a los cuales les doy poder.

¿No es mejor ir directamente a la Suprema Fuente de todo, y recibir su Omnipotente e Inagotable asistencia, que nunca falla, en vez de concederle energía a algo interior que te lleva a otro algo exterior, a lo cual tú le has concedido el Poder de aliviar la molestia a la cual diste el poder inicialmente?

Sé que no es fácil abandonar costumbres muy arraigadas. Pero un poco de meditación obligará al raciocinio exterior a dejar su dependencia en estos remedios exteriores y depender únicamente de la presencia «YO SOY».

Es evidente que no hay otra manera de convencer a un estudiante sobre esta cuestión vital, sino por la aplicación de estas verdades con determinación y firmeza. Además, nadie puede demostrarle hasta qué grado se puede aplicar la verdad, únicamente él pude determinar ese grado. A veces la energía interior, acumulada por el deseo, es de tal tamaño que la persona se sorprende ante los resultados.

La palabra que emplean los orientales es OM. Significa lo mismo que «YO SOY», (*I am*). Yo, particularmente, prefiero el «YO SOY», porque el discípulo siente más directamente la acción de Dios en Él. Para los orientales, «OM» es una presencia universal, y no da la conciencia que otorga la presencia «YO SOY» actuando en el individuo. Esto explica la situación que existe hoy en la India, que por la confusión de tantas castas han caído en la equivocación de creer que lo que importa es la entonación en que cantan «OM». Sí es verdad que impone una actividad, pero no la de energizar la acción del individuo y, por ende, la diferencia de entonación no hace gran diferencia.

El sistema de los maestros Ascendidos desde hace mucho tiempo ha sido el uso consciente de la Presencia «YO SOY». El reconocimiento y plena aceptación de DIOS EN ACCIÓN en la persona es lo que imparte más y más la inteligente actividad, plena y completa, de la Presencia de Dios. Esto es la práctica de la Presencia de Dios, es decir, la Deidad.

Aquellos orientales que han alcanzado grandes alturas lo han conseguido a través de la meditación sobre esta verdadera actividad. Tal vez la verdad más simple y más poderosa que el individuo puede sostener es que cuando él dice «YO SOY» pone en acción dentro de sí mismo, de manera consciente o inconsciente, la plena energía de Dios sin adulteración alguna. La energía se transforma en poder mediante su uso consciente. El hecho de que un individuo está encarnado como ser humano es una orden de elevar su mundo a un estado de actividad perfecta. Cuando la conciencia del individuo es elevada, todo el mundo de ese ser es elevado también al plano de actividad Interior.

La frase oriental «*Omani padme hum*» significa «Dios actuando en el individuo». Usa el «YO SOY» en lugar de «OM» siempre, porque tal vez tú has vivido encarnado en cuerpos indios.

Conoces ese uso, y para impedir que se invoque un uso inferior, utiliza el «YO SOY» para que te lleve a la altura completa.

Cada vez que expresas el «YO SOY», pones la pura energía en Dios en movimiento, sin color ni tinte de concepto humano. Es la única manera de mantener la pura energía de Dios libre de contaminación por calificaciones humanas. Grandes resultados se obtienen en corto tiempo al usar las afirmaciones siguientes: «YO SOY la Pura Inspiración; YO SOY la Luz Pura, en acción aquí» (visualiza esto en y a través del cuerpo en el propio momento); «YO SOY la Pura Revelación de todo lo que yo quiero saber».

Conserva dentro de ti las riendas del poder. Las personas temen abrazar el Gran Poder de Dios y dejarlo actuar. ¿Qué puede haber en Dios que te dé miedo? Tienes que reclamar o apropiarte lo que desees. Manifiesta: «YO SOY ahora el Ser Ascendido que deseo ser». Esto te envuelve en la Presencia Ascendente.

«YO SOY la eterna Liberación de toda imperfección humana». Esto realiza quien es «YO SOY».

«YO SOY, y acepto mi Perfección completa y terminada ya».

Usa las explicaciones de las afirmaciones para tu entendimiento propio, pues la conciencia carnal es un Santo Tomás, incrédulo y propenso a criticar. No lo dejes dudar. Di: «Este Cuerpo mío es el Templo de Dios Viviente y es ascendido ahora».

Las instrucciones, generalmente, son para que el estudiante compruebe la Ley consigo mismo. Repite con frecuencia: «YO SOY el Poder que gobierna esta actividad y, por consiguiente, siempre es norma».

En todo el Universo no hay nadie que pueda reconocer el «YO SOY» ajeno para ninguna otra persona. Uno puede dirigirse al «YO SOY» colectivo, por supuesto, porque en ese «YO SOY» entra uno también, pero no es lo mismo cuando se trata del «YO SOY» individual. Cada paso conseguido por ti en el reconocimiento de lo que eres es una ganancia permanente y no se puede retroceder.

Capítulo VIII

Todos estamos en constante búsqueda de la felicidad, a veces llamada dicha, y, sin embargo, muchos de los que la buscan con tanto esfuerzo siguen pasando de largo ante la llave de esa felicidad.

La sencilla llave de la dicha perfecta y el poder inherente que la mantiene constante son el autocontrol y la autocorrección. Pero este es muy fácil de conseguir una vez que se aprende la verdad de que uno mismo es la Presencia «YO SOY» y la Inteligencia que controla y ordena todas las cosas.

Alrededor de cada individuo hay todo un mundo de pensamientos creados por él mismo. Dentro de este mundo mental está la semilla, la Presencia Divina, el «YO SOY», que es la única Presencia que actúa en el Universo y la cual dirige toda energía. Gracias a la actividad consciente del individuo, esta energía puede ser intensificada más allá de todos los límites.

La Presencia Divina Interior puede compararse con la semilla de un melocotón. El mundo de pensamientos que la envuelve sería la pulpa. La pulpa representa no solo el mundo mental creado por el individuo, sino la sustancia magnética universal, siempre a la expectativa de ser activada por la determinación consciente del individuo, para ser precipitada a su uso visible como a él le convenga o desee.

El sendero seguro hacia el entendimiento y el uso de este poder consciente nos viene a través del autocontrol. ¿Qué quiero decir con la palabra «autocontrol»? Primero, el reconocimiento de la Inteligencia «YO SOY» como única Presencia activa; segundo, que con este conocimiento sabemos también que no hay límite alguno para el poder de su uso y, tercero, que los humanos, teniendo libre albedrío, libre selección y libre actuación, lo que crean en su mundo circundante es todo aquello en que fijan su atención.

Finalmente ha llegado el momento en el que todos deben entender que los pensamientos y sentimientos conforman el poder creador más importante en la vida y en el universo. La única forma de usar ese pleno poder de pensamiento-sentimiento, que llamamos «DIOS EN ACCIÓN», es utilizando el autocontrol y la autocorrección, con los cuales se puede fácilmente alcanzar la comprensión con la que usar y dirigir este poder del pensamiento sin límites. Cuando se ha conseguido el suficiente autocontrol, la persona puede sostener su pensamiento fijo en cualquier deseo, al igual que una llama de acetileno que se mantiene inmóvil sobre una soldadura. Así, cuando se mantiene inmóvil la conciencia en cualquier deseo, sabiendo que la Providencia «YO SOY» es la que está pensando, o sea, que es Dios en Acción, entonces se entenderá que se puede traer a la visibilidad, o precipitar, lo que quiera que se desee o se necesite. No es que no se pueda pensar en otra cosa: si así fuera, ¿cómo podría uno realizar los mil y un deberes que colman nuestros días? Es que cada vez que se tenga que recordar el punto en cuestión, se recuerda infaliblemente que es DIOS, o la Presencia «YO SOY» con todo su poder, la que está actuando para precipitarnos el deseo.

Escucha bien: ha sido comprobado de diversas maneras que el efecto de una cosa no puede traer felicidad. Solo mediante la comprensión de la causa que actúa es que la persona se hace maestra o dueña de su mundo.

El autocontrol se practica pensando y diciendo inmediatamente frente a todo lo inarmonioso que ocurre: «No señor. Esto no puede ser verdad porque mi «YO SOY» es perfecto. Elimino, pues, todo lo que esté hecho por mi conciencia exterior y no acepto sino la perfección manifestada». ¿Qué pasa entonces? Que le has abierto la entrada a Dios «YO SOY», y Él endereza todo lo externo.

Dice Saint Germain: «Querido estudiante, si pudieras entender el esplendor magnificente que se manifiesta en ti cuando afirmas de esta manera tu autocontrol ante la actividad externa, multiplicarás todos tus esfuerzos para alcanzar ese autocontrol y maestría sobre toda expresión externa. Así es que se le permite a la Magna Presencia «YO SOY» liberar su gran Poder en nuestra conciencia y uso exterior».

Ahora vamos a retirar de la mente de los queridos estudiantes el sentido del tiempo, espacio y distancia.

La llave que abre la entrada a todas las esferas superiores, los planos superiores, está en la sencillez y firmeza del autocontrol. Todo estudiante debe recordar esta gran verdad: «donde está tu conciencia estás tú» y el «YO SOY» está en todas partes.

La conciencia de que hay espacio, distancia y tiempo es solo una creación humana. Pasar a través del velo finísimo que separa la conciencia de su pleno poder y actividad interior es solo un asunto de estado de conciencia, es decir, de pensamiento y sentimiento. Aquellos que están trabajando en alcanzar la Luz están viviendo frecuentemente en esas altas esferas. La hermosura de estas esferas sobrepasa toda imaginación. Cuando entres en ellas de manera consciente y voluntaria descubrirás que todas las creaciones que existen allí son tan tangibles como cualquier edificación aquí.

Con la expresión «YO SOY el Poder de mi Autocontrol completo para siempre sostenido» les será más fácil alcanzar esta maestría. Los estudiantes deben ser conscientes de que cuando ellos reconozcan la actuación de la Presencia «YO SOY», es imposible que ella sea interrumpida o que se le obstaculice en forma alguna. Al reconocer que no hay ni tiempo ni espacio se tiene al alcance el conocimiento de la eternidad.

Si queremos entrar en una esfera más alta que el mundo físico plenamente consciente, solo hay que ajustar o transformar la conciencia. ¿Cómo hacerlo? Sabiendo que ya estás allí, conscientemente.

Repite con frecuencia: Por el Poder del Círculo magnético que he creado a mi alrededor, no puedo ser afectado ya por dudas y temores. Yo tomo dichoso el Cetro de mi «YO SOY» y piso resueltamente cualquiera de las Altas Esferas en las que yo quisiera entrar, y conservo la clara y perfecta memoria de mis actividades allí.

Con este ejercicio te encontrarás rápidamente disfrutando de la libertad ilimitada y la felicidad perfecta de actuar en cualquier plano que tú decidas.

El estar consciente de los sucesos que están mil años adelante es tan sencillo y tan accesible como ir a tu estantería y sacar un libro que necesites. El gran impedimento para la libertad humana ha sido la gran ilusión del tiempo y el espacio en la creencia general.

Aquellos que se han desilusionado al descubrir que la riqueza y el aspecto exterior de las cosas no pueden traer la felicidad, entienden la gran bendición que es que dentro de su propio pensamiento creativo, su propio poder y su propio pensamiento tienen ya toda la felicidad, la libertad perfecta y el dominio.

Cuando el estudiante entienda que todo aquello en lo que centra su atención se le adhiere, se convierte en él, o él se convierte en aquello con toda la intensidad que use, verá la importancia de centrar su atención lejos de todo lo destructivo en la experiencia humana. Debes aprender a invocar en estos momentos a la Amada Presencia «YO SOY» antes de centrar la atención en las cosas destructivas.

Al discutir y comentar los defectos de nuestros amigos, familiares y allegados, comunicamos esos defectos a nuestras propias conciencias y entonces parece que aumenta el defecto que vemos en el otro. A esto nos referimos cuando hablamos de es fijar la atención en lo destructivo, y nos convierte en ello.

El que existan magos negros en el mundo (brujos), es decir, ciertos hijos de Dios que dirigen mal y contaminan la energía magnética que les viene de su presencia YO SOY, no es razón para que permitamos que nuestra atención se centre en esa negatividad únicamente porque conocemos los hechos. Lo que nos corresponde es que mantengamos nuestra atención libre para que se fije en nuestro propio autocontrol, empujándolo a que se pose en lo que nos conviene.

Pocas personas se dan cuenta de que cuando vuelven a pensar o a estudiar un caso negativo y destructivo, o que cuando alguien les ha desagradado en alguna forma y ellos se permiten rememorar el incidente, se están grabando y fabricando ese caso en sus conciencias puras, ensuciándolas y atrayendo el resultado para que suceda una y otra vez.

Lo que yo quiero imprimir en las mentes de los estudiantes es que no tiene sentido dejarse afectar y trastornar por actividades, reales o imaginarias, de la conciencia exterior: ya que una vez que sepan «YO SOY la única Presencia Todopoderosa actuando en mi Mente, mi Cuerpo y mi Mundo», ya ninguna asociación del mundo exterior podrá afectarlos ni perturbarlos. Deben saber que son inmunes por completo a las molestias y perturbaciones de la mente de otros, sin importar lo que intenten hacerles.

Una vez que la persona es consciente de que su propio pensamiento y sentimiento le puede producir todo lo que él necesite, se sentirá libre del deseo de las riquezas y todo lo que el mundo exterior puede ofrecerle.

Puedo asegurar que no existe un mundo «sobrenatural». En cuanto pisamos una esfera superior a esta, aquella se hace tan real y verdadera como esta. Es únicamente otro estado de conciencia. Para alegría de tus familiares te diré que de aquí a cien años habrá centenares de personas que podrán usar los rayos cósmicos para limpiar y conservar sus casas, y cuando ya no sientan la necesidad de seguir las modas creadas por las ideas comercializadas, tejerán sus mantos «de un solo hilo y sin costuras» hechos con los rayos cósmicos.

Muchos discípulos cuestionan cómo es que los maestros, con todos sus poderes creadores, prefieren vivir en habitaciones sencillas. La explicación es muy simple: la mayoría de sus actividades son en altas esferas, dirigiendo magnos rayos de Luz para la bendición de la humanidad desde sus hogares de Luz y Sabiduría, tan bellos y trascendentes como para hacerse invisibles a aquellos que aún ocupan cuerpos físicos. Si los estudiantes fueran capaces de entender, esto les evitaría mucha confusión y les quedaría más tiempo para usar en la actividad de la Gran Presencia «YO SOY».

Esto los llevará al estado trascendente que elimina la ansiedad por las riquezas del mundo exterior, las que no son más que desperdicios en comparación al poder creador inherente en todo individuo. Este puede traer a la manifestación el poder trascendente a través del autocontrol y maestría. Yo te pregunto, querido estudiante, hijo del Dios Único: ¿No vale la pena usar tu más sincero esfuerzo cuando sabes que no puedes fallar? Empuña el cetro de tu Magno Poder Creador y sé libre para siempre de todas esas ataduras y obstáculos que han torturado a la humanidad a través de los siglos. Yo te aseguro que todo el que se empeña en adquirir el cetro y esta maestría recibirá toda la ayuda necesaria.

Quien tiene pleno entendimiento de su habilidad creadora debe saber que puede crear todo lo que desee, sin importar cuál sea la vibración, en la Luz o en cualquier otra condensación que desee mantener.

Tú eres consciente de que tienes la capacidad de transferir tu pensamiento de Caracas a Nueva York inmediatamente, al igual que de cambiar tu pensamiento desde una condición de Luz a una condensación muy espesa, tal como el hierro. Esto te hará ver tus acciones en cada momento consciente y voluntariamente, y puedes hacerlo de manera más poderosa si fijas tu atención conscientemente, poniéndola en aquello que deseas manifestar.

El hecho de que tú no hayas precipitado aún de lo invisible a lo visible es lo que produce esa duda que te incordia. Hasta el día en que manifiestes una sencilla precipitación, tu valor y confianza surgirán y en el futuro no tendrás ningún impedimento para precipitar lo que desees. La atención es el canal por medio del cual la Magna Energía atraída fluye a su consumación.

La humanidad, a través de los siglos, se ha construido estos muros de limitación. Ahora hay que tirarlos abajo y acabarlos de cualquier manera que podamos. Al principio se necesita determinación para lograrlo, pero cuando uno sabe que el Poder de «YO SOY» es el que está actuando, también sabe que es imposible fallar. En lo exterior solo tiene que mantener la atención fija sobre el objeto que quiere hacer visible, concentrarse, y de pronto lo encuentra plasmado y se sorprende al constatar que ha vivido tanto tiempo sin hacer uso de su poder.

El largo del rayo que se desprende de la sustancia precipitada o condensación de Luz es controlado por la conciencia del que lo usa. Si esa conciencia se eleva muy alto el fulgor es muy grande.

La «JOYA DE LUZ» está todavía en su estado trascendente de perfección. La Joya es una sustancia condensada, como el diamante, esmeralda o rubí, pero naturalmente adoptará la condición del que la lleva. Si la rata vibratoria de este es baja, la joya o piedra perderá su brillo, mientras que si el pensamiento es trascendente, esta piedra se tornará muy luminosa.[5]

Cuando una persona ya es un estudiante sincero, que está alcanzando la Luz, tiene que calificar todo lo que hay en su entorno con la calidad de su Presencia «YO SOY», sin importar qué apariencia tenga.

Si el miedo te hace creer en una presencia perturbadora, es tu responsabilidad, ya que si hubiese una Presencia perturbadora y tú la calificases con la Presencia «YO SOY», sería evidente cuán imposible sería que ella fuera capaz de perturbarte. No hay más que una sola energía actuando, y en el propio momento en que tú reconoces en ella la Presencia «YO SOY», tú has recalificado aquella actividad con perfección.

La expectativa es una conciencia calificadora muy poderosa. La expectativa intensa es algo maravilloso, siempre manifiesta. El hombre, a través de los siglos, ha creado un velo que le esconde estas esferas trascendentes. Ahora, si él lo ha creado, entonces el sentido común y la razón le dicen que él puede revertir esa creación.

Una poderosa radiación ha salido hacia los estudiantes, radiación que será sostenida hasta que ellos reciban este trabajo que se ha dictado en este día. Pero transmi-

---

5   Toda joya representa una alta actividad de la Sustancia Divina. Cuanto más intenso el fuego, mayor el Poder purificador. El oro no necesita de ningún otro elemento y tampoco se adhiere a ninguno. Todos los metales y aleaciones se adhieren a él. Esto es porque el oro es un elemento puro. En toda actividad en la que actúe el fuego hay un momento en que la llama se pone dorada. Toda consumación de sustancia es, en cierto momento, de color rojo, porque el rojo es el color de la liberación de impurezas.

tirles la sencillez, la facilidad y la seguridad con que puede ser materializada la idea, por medio del pensamiento y el sentimiento creativo, es cosa que se debe reflexionar. Esto disolverá la acción de: «¿podré yo?», y en su lugar dirá «YO PUEDO» y «YO SOY». A toda afirmación y decreto agreguen que desean mantener la memoria de cada experiencia y resultados.

Si los estudiantes se sostienen, pasado un tiempo recibirán la iluminación que les dará toda la confianza que necesitan. Permanezcan asidos a una Idea y sepan que cualquier conocimiento que necesiten les vendrá de forma inmediata.

Cada vez que permites que tu atención se centre en algo, en ese momento le estás dando el poder de actuar en tu mundo, es decir, que no puede existir una cualidad o una apariencia en tu mundo más que aquella que tú mismo le des.

Capítulo IX

Una de las cosas más importantes, incluso para los estudiantes más sinceros, es la necesidad de tomar tiempo para meditar por la mañana o por la noche, para de aquietar la actividad exterior y que así la Presencia Interior pueda surgir sin interrupciones ni obstáculos.

Con meditar me refiero a realmente sentir la activa Presencia de Dios, por eso cuando entramos en meditación no debemos arrastrar con nosotros las perturbaciones que nos han invadido hasta el momento. Hay que eliminar conscientemente del sentimiento y de la atención todo aquello que pueda perturbarnos, pues es un momento para sentir la Presencia de Dios y no para revolver todas las molestias. Cuando se dio aquella afirmación: «Conozcan la Verdad y ella los hará libres», la intención fue la de reconocer y aceptar la actividad de la Gran Presencia «YO SOY». Por eso:

1) Sé consciente de que el «YO SOY» es el Primer Principio y que es la absoluta seguridad de liberación inmediata.

2) Ten presente que «YO SOY» es la activa presencia que gobierna toda manifestación en tu vida y tu mundo a la perfección. Así estarás enterado de la verdad que te dará toda libertad.

Debo tratar un tema que sería gracioso si no fuera tan serio. Tú castigarías a tu perrito si con frecuencia trajera huesos de la cocina a la alfombra de tu salón. Normalmente, te parecería que está haciendo algo inarmonioso. ¿No sabes, querido estudiante de la Verdad, que cuando permites que tus pensamientos se vuelvan hacia experiencias desagradables estás haciendo algo mucho peor que lo del perrito? Lo malo, y que aparenta ser tan difícil de entender, es que nunca, en ninguna circunstancia, se debe atajar el agua que ya pasó por debajo del puente. Es decir, las experiencias desagradables, las pérdidas, o cualquier imperfección que haya ocurrido en tu pasado no deben jamás ser abrazadas y traídas al presente, ni siquiera en pensamiento. Ya ocurrieron: olvida y perdona. El dar y perdonar es Divino. Por ejemplo: Si alguien ha entrado en un negocio y ha fracasado, se debe siempre a la inarmonía mental de su comportamiento y sus sentimientos. Si cada persona en circunstancias semejantes mantuviera con firmeza que solo existe DIOS EN ACCION, lograría el éxito más perfecto.

Desde el momento en que todos tenemos libre albedrío, aquel que no controle su mundo sensorial se encontrará destruyéndolo todo, lo propio y lo ajeno. Tal es la Gran Ley, a menos que el individuo enmiende sus pensamientos y sentimientos y los mantenga corregidos.

Todos hemos cometido más de un error. Por esta razón nadie debe tener una actitud de: «YO SOY más santo que tú», sino que, por el contrario, se debe invocar la Ley del Perdón, ya que si sentimos crítica, condenación u odio hacia otro hijo de Dios, jamás podremos prosperar. En vez de juzgar, debemos decirle mentalmente a la persona en cuestión: «Te envío la plenitud de mi Amor Divino para bendecirte y para que prosperes». Esta es la actitud que libera de los fracasos de la actividad exterior.

Quienes se enfrascan en darle vueltas una y otra vez en sus mentes y conversaciones a algún negocio que fracasó, deben saber que al final se destruirán ellos mismos si no apelan a la Ley del Perdón para borrar por completo aquella situación.

Quien se empeña en mantener una actitud vengativa por algún mal imaginario o real, traerá sobre sí mismo la incapacidad mental y física (parálisis o mal de Parkinson). Aquel dicho antiguo «A menos que tú perdones, ¿cómo esperas ser perdonado?» es una de las leyes más importantes en la experiencia humana. ¡Si pudieras ver cómo se pegan las cosas que ya no se quieren, cuando se permiten repasar las discordias que se considera que ya no tienen remedio!

Lo que la humanidad busca con más empeño es la Paz y la Libertad, que siempre son las puertas de la felicidad. Existe una sola manera de recibir esto, y es conocer a

Dios en la Presencia «YO SOY», y que esta Presencia es la única Inteligencia que actúa en tu vida y tu mundo en todo momento. Cree en esto, vívelo. Una de las cosas más asombrosas de las que he sido testigo es la Libertad financiera. Existe únicamente una roca segura sobre la cual se puede construir la libertad financiera eterna, y es la de conocer y sentir en todas las fibras del ser «YO SOY la Sustancia, la Opulencia, ya perfeccionadas en Mi Mundo, de todas las cosas constructivas que pueda yo concebir o desear».

Esta es la libertad financiera verdadera. Este concepto te la traerá y no dejará que se aleje de ti.

Por otro lado, el individuo puede usar consciente o inconscientemente lo necesario de esa Presencia «YO SOY» o de esta Energía Divina para acumular, a través de la actividad externa, millones de dólares. Pero ¿qué le asegura que los va a conservar? Yo te aseguro que ningún ser en el mundo físico podrá conservar la riqueza acumulada si no tiene en cuenta que Dios es el Poder que la produce y la mantiene. Tú ves frente a ti constantes ejemplos de grandes fortunas que desaparecen de la noche a la mañana. Hay miles de personas que en épocas recientes se han visto en esta situación, y si a pesar de haberla perdido toman la decisión consciente y manifiestan: «YO SOY la riqueza de Dios en acción, ahora manifestada en mi vida y mi mundo», la puerta se les abre inmediatamente para recibir de nuevo la abundancia. ¿Por qué se dice «de nuevo»?, porque si fueron ricos habían construido un gran *momentum* de confianza. Todos los requisitos estaban a la mano para que las riquezas continuaran, pero en la mayoría de los casos de estas pérdidas se les permite la entrada a grandes depresiones, a menudo odios y resentimientos, que es lo que cierra la puerta al progreso.

Déjame asegurarte, querido hijo de Dios, que nunca ha existido en este mundo una condición tan mala que se encuentre fuera de la Activa Presencia de Dios «YO SOY» con su eterna fuerza y valor para reconstruir de nuevo la independencia financiera. Yo quiero que los estudiantes entiendan esto: en estos días de derrumbe de tronos y gobiernos, de fortunas individuales, necesitan conocer y entender que sus riquezas han volado por ignorancia e incomprensión. La Presencia «YO SOY» en ellos, Dios en Acción, es el reconstructor seguro de la fe, la confianza, la riqueza o de lo que sea que quieran ellos, que esta energía interior fluya a través de sus deseos, pues este es el único poder que es incapaz de no conseguir algo.

Cualquier persona que haya sufrido un revés económico debe de inmediato usar la maravillosa afirmación de Jesús: «YO SOY la Resurrección y la Vida»... (de mi negocio, mi comprensión o lo que sea pertinente). Te digo sinceramente, querido estudiante, que no hay esperanza alguna en el cielo o en la tierra para aquel que insista en mantener en su conciencia pensamientos y sentimientos de crítica, condenación y odio de cualquier tipo, y esto incluye hasta un leve desagrado. Esto nos lleva al punto vital de que solo deben importarte tu propia actividad y tu mundo. No es tu lugar el juzgar a otro, pues tú no conoces las fuerzas que lo influyen a él ni a sus circunstancias. Tú únicamente conoces el ángulo que tú ves de él, y te aseguro que si alguien envía pensamientos de crítica, condenación y odio a un tercero que es completamente inocente de todo intento de dañar al prójimo, este estaría cometiendo algo peor que un asesinato físico. ¿Por qué? Porque el pensamiento y sentimiento forman el único poder creador, y aunque dicho sentimiento y pensamiento pueden no hacer daño en el objetivo, tienen que devolverse y arrastrar las condiciones enviadas por el individuo que las lanzó, y siempre con energía acumulada. Esto quiere decir que estos pensamientos dañinos hacia otros están destruyendo, en realidad, los negocios y asuntos de quien los envía. Es imposible evitarlo, excepto que aquel individuo se despierte y conscientemente invierta las corrientes de lo que está haciendo.

Vayamos un paso más adelante. A lo largo del tiempo han existido asociaciones comerciales en las cuales una o dos personas han tenido el intento deliberado de hacer daño, y el resultado ha sido que otras personas, por completo inocentes, han acabado siendo culpadas y encarceladas.

Te puedo asegurar que es una Ley infalible que aquel o aquellos que puedan causar el encarcelamiento de personas inocentes, privándolas de su libertad de acción, atraerán hacia ellos la misma experiencia en sus propias vidas hasta la tercera y cuarta encarnación siguiente.

Yo preferiría, siempre, morir antes que ser la causa de la privación de libertad de cualquier hijo de Dios. No hay crimen más grande en la experiencia humana actual que el uso de las evidencias circunstanciales, porque en noventa y nueve casos de cada cien se descubre posteriormente que han sido completamente falsas. Muchas veces la verdad no llega a ser descubierta jamás.

Mi recomendación es, queridos estudiantes, que ninguno de aquellos que buscan la Luz se convierta en juez de ningún hijo de Dios.

Supongamos que una persona a la que queremos profundamente está actuando de forma disparatada. ¿Qué es lo primero que suele hacer su entorno? Juzgarlo y criticarlo duramente. Lo más poderoso que podemos hacer por esa persona es llenarla de amor, y saber mentalmente «YO SOY Dios en Acción, la única Inteligencia y Actividad controlando a este hermano o hermana». Seguir hablándole mentalmente a su conciencia es la ayuda más poderosa que se le puede dar.

Con frecuencia, los argumentos verbales con esta persona forman una condición antagónica, intensificando en vez de borrar la actividad perjudicial. En el trabajo silencioso serás capaz de alcanzar tu objetivo con absoluta certeza.

Nadie puede saber lo que la Presencia «YO SOY» de un tercero desea hacer. Estas son verdades vitales que, al utilizarlas, traerían gran paz a las vidas de los demás. Muchas veces, el esfuerzo puesto en algunos negocios no es capaz de impedir la ruina de los mismos, porque hay en la conciencia de quienes participan en él un juicio o condenación oculta, o un sentimiento de odio disimulado hacia otro.

Todo aquel que quiera avanzar rápidamente en la Luz no debe jamás descansar hasta que haya enviado su amor a toda persona que considere que le ha hecho daño en cualquier momento. Este pensamiento de amor sale derechito como una flecha hacia la conciencia del otro individuo, porque no hay nada capaz de detenerlo, y generará su calidad y poder allí donde ha sido enviado. Y luego, con seguridad se devolverá en el mismo instante en que es enviado. No existe nada en el mundo que ocasione tantos malestares en cuerpo y mente como enviar odio hacia otra persona. No se puede predecir cómo reaccionarán la mente y el cuerpo del que lo envía. En alguien puede que produzca un efecto, y en otra persona un efecto distinto. Que quede claro: el rencor o resentimiento no son más otra forma de odio, odio de menor grado.

Un pensamiento maravilloso para tener siempre en cuenta es el siguiente: «YO SOY el Pensamiento y el Sentimiento creador perfecto presente en todas las Mentes y Corazones de todo el mundo en todas partes». Es algo maravilloso. No solamente da paz y reposo al que lo envía o al que lo genera, sino que provoca dones sin límites provenientes de la Presencia.

Otro pensamiento es: «YO SOY la magna Ley de Justicia y Protección Divina actuando en las Mentes y Corazones de todo el mundo», que puedes aplicar y usar con gran fuerza y poder en cualquier circunstancia. Otro es: «YO SOY el Amor Divino que llena las Mentes y Corazones en todas partes».

Absolutamente todo en la vivencia humana puede ser gobernado por la Presencia «YO SOY». El uso de la Presencia «YO SOY» es la actividad más alta que se puede enseñar. Cuando tú dices «YO SOY» pones a Dios en acción. Cuando sientas y conozcas la magnitud del uso de esta expresión, realizarás el enorme orden del «YO SOY». Cuando tú dices «YO SOY el poder de Dios Todopoderoso», no existe otro poder que pueda actuar, habrás liberado y soltado la plena actividad de Dios.

Otra afirmación es: «YO SOY la Memoria consciente y la Comprensión en el uso de estas cosas». Cuando tú digas «La Presencia YO SOY me viste con mi traje de Luz Eterna y Trascendente», esto actúa realmente en ese momento.

El lugar secreto del Altísimo es esta Presencia «YO SOY». No debes ignorar las enseñanzas sagradas que te estoy revelando, pues son como perlas. Intenta conocer siempre: «YO SOY el perfecto aplomo en mi hablar y en mi actuación en todo momento porque YO SOY la Presencia Protectora». Entonces la guardia siempre está montada.

La energía de Dios está siempre en espera para ser canalizada. Inherente en la expresión «YO SOY» está contenida la actividad autosostenida. Ahora eres consciente de que el tiempo no existe, esto te trae a la acción instantánea y tu precipitación pronto tendrá lugar. Si procedes a la manifestación sentirás siempre una quietud absoluta.

Aquí hay algunas afirmaciones metafísicas para la persona que está en pleno caso judicial:

«YO SOY» la Ley.

«YO SOY» la Justicia.

«YO SOY» el Juez.

«YO SOY» el Jurado.

Si eres consciente de que el «YO SOY» es Todopoderoso, afirma entonces que solo la Justicia Divina puede hacerse aquí.

Capítulo X

Tras siglos de actividad hemos llegado al punto focal en el que las experiencias de las edades entran en acción instantánea, donde todo tiempo y espacio se convierte en la Única Presencia de Dios en Acción Ahora.

Con el conocimiento de que es la Presencia de Dios «YO SOY» la que late en tu corazón, sabes entonces que tu corazón es la Voz de Dios y que a medida que tú reflexionas y dices: «YO SOY la Suprema e inteligente actividad de mi Mente y mi Corazón», traerás a este el verdadero y divino sentimiento en el que puedes confiar. Tanto tiempo ha pasado la humanidad amando únicamente con la periferia del círculo, que una vez que el discípulo se dé verdadera cuenta de que Dios es Amor y que la actividad de DIOS AMOR se proyecta por el corazón, entenderá que al centrar su atención en el deseo de proyectar amor hacia cualquier objetivo, puede generar amor sin límites; y que este es el privilegio supremo de la actividad exterior de la conciencia. Hasta ahora, la humanidad no ha entendido que el Amor Divino es un Poder, una Presencia, una Inteligencia, una Luz, y una Entidad que puede crecer hasta el tamaño de una llamarada sin límites, que todo individuo, especialmente si es estudiante de la Luz, tiene la capacidad de generar esta Presencia de Amor que se transforma en una entidad invencible y pacificadora, presente en cualquier lugar hacia el que el individuo la dirija. Hay quienes dicen y creen que «al Amor no se le puede mandar», pero yo digo que el Amor es el Primer Principio de la vida y puede ser generado a cualquier grado, para uso infinito. Este es el privilegio solemne y el uso y dirección conscientes que se puede dar al Amor.

A lo que me refiero cuando digo «generar» es a abrirle la puerta por devoción consciente a la emanación de esta fuente inacabable de Amor Divino que es el Corazón de tu Ser, el Corazón del Universo.

Por la contemplación de este poder mito del Amor, los estudiantes se transformarán en una fuente tal de emanación que podrán disponer del uso infinito dirigiéndolo de manera consciente.

Cuando mis queridos estudiantes quieran acelerar su liberación de tales o cuales actividades externas, molestias dolorosas, etc., yo les sugiero afirmar: «YO SOY la Presencia que ordena, la Energía inagotable, la Sabiduría Divina haciendo que mi deseo sea cumplido». Esto te hará libre de cualquier condición indeseable, y es la forma que está permitida por la propia Ley de tu Ser. Y ahora que sabes esto, puedes también saber que «Esta Presencia YO SOY ahora permanece intocada por toda condición exterior perturbadora. Sereno yo pliego mis alas y moro en la acción perfecta de la Ley Divina y en la Justicia de mi Ser, ordenando que todo en mi círculo aparezca en perfecto Orden Divino».

Es este el mayor privilegio del estudiante, y ha de ser su mandato siempre. Ahora te diré una cosa que espero que te produzca gran ánimo: cada estudiante que está trabajando por alcanzar la luz está siendo templado tal como el mejor acero, para que dure el mayor tiempo posible, soporte mejor todo y sea lo más fuerte. Es esto lo que la experiencia de vivir le trae al individuo. Cuando uno desea ser liberado y siguen apareciendo experiencias difíciles, no son estas más que el proceso de fortalecer el carácter para darle la última, perfecta y eterna Maestría sobre todas las cosas externas. Puedes, entonces, con este conocimiento regocijarte de la experiencia, ya que te está llevando hacia la gloriosa, maravillosa Presencia «YO SOY» para que te asolees en Ella.

Así, querido estudiante, no te desesperes en medio de las experiencias que en apariencia pesan sobre ti. Enfréntate a ellas con regocijo, porque cada paso hacia adelante te conduce a la Meta Eterna y no tiene que ser repetido. Que el estudiante recuerde siempre usar la siguiente afirmación: «YO SOY la Fuerza, el Coraje, el Poder de adelantar a través de toda experiencia, cualquiera que sea y permanezco alegre, elevado, lleno de paz y armonía en todo momento, por la gloriosa Presencia que YO SOY».

Para el atleta, los instantes previos a la carrera están llenos de gloriosa anticipación, pero a medida que se aproxima a la meta y el adversario se le va acercando, él invierte todos sus últimos esfuerzos, el aliento se le agota y con el último salto alcanza la línea del triunfo. Lo mismo sucede con los estudiantes en el camino. Son conscientes de que con la práctica de la Presencia «YO SOY» no pueden fallar, por lo que lo único que queda es apretarse el cinturón, armarse para lo que sea necesario y despedirse con la mano al adversario. Pero más afortunado que el atleta es el estudiante que sabe desde el comienzo que él no puede fracasar porque «YO SOY la Energía Inagotable e Inteligente sosteniéndome».

El poder de precipitación está dentro de la Presencia «YO SOY». Nunca debemos olvidar esto. «YO SOY el Principio vital en este mi cuerpo. En todas partes, hasta en el Corazón de Dios, soy la Inteligencia gobernante del Universo. Luego, cuando yo quiera precipitar algo, no importa qué cosa sea, yo sé que «YO SOY» el Poder actuante, «YO SOY» la Inteligencia dirigente, «YO SOY» la Sustancia que está siendo utilizada, y ahora la traigo a la manifestación visible para mi uso».

Meditar con esta frase que acabo de compartir le permitirá al discípulo adentrarse en la práctica sin tensión ni ansiedad.

Lo que enfrenta al estudiante en este tema de la precipitación es lo referente al dinero. La primera pregunta que se plantea es siempre: ¿Cómo se puede precipitar dinero sin interferir o sobrepasar el límite asignado por el Tesoro Nacional? Desde que se estableció el dinero como patrón de cambio y siendo, como quien dice, el oro lo que respalda o sustenta esta patrón, es decir, la seguridad de toda emisión, hay que recordar que han ocurrido innumerables desastres de todo tipo, en los que se ha perdido el oro o las remesas de dinero por valor de billones. De la misma manera han desaparecido miles de toneladas de oro de diversos países, sumergidas en el océano y enterradas en lo profundo por cataclismos ocurridos. Por ende, como la precipitación se hace del aire, es oro en su estado natural y tendría que ser en muy grandes cantidades para que existiera el peligro de pasar el límite del permiso legal para su uso. Además, el oro es siempre legal en su uso y como el mundo tiene ofrecida una prima para que sean producidas mayores cantidades de oro, ¿por qué no precipitarlo y así beneficiar al mundo? Ahora, no me hago responsable por las preguntas que les formularán cuando presenten su precipitación de oro. No son capaces de percibir el alcance de la curiosidad de las mentes ajenas en cuanto se alborota la atención respecto al oro o el dinero. A menos que se sepa de la posesión de una mina de donde extraerlo, por ejemplo, la mente humana se enciende muy rápidamente. Toda demanda por inquirir el origen de su oro es una sutil forma de pesquisa para descubrir cuál es la fuente «e ir pegado». En mi opinión, la mejor manera de responder a estos cuestionamientos es decir: «Esto es oro. A usted no le importa en dónde lo he adquirido. Pruébelo, analícelo. Si no es cien por ciento oro, puede rechazarlo, y si es oro puro, usted está obligado a recibirlo por la Ley de su Gobierno».

No obstante, no olviden que la Presencia «YO SOY» es quien lo gobierna. Ella es quien lo precipita y quien lo hace circular sin obstáculos.

CAPÍTULO XI
EL DIOS HIMALAYA

Por primera vez, la Presencia de esta Entidad Luminosa es traída al conocimiento del mundo externo. A Él deben sus nombres los Montes Himalayas. Desde que estos fueron conocidos han representado una corriente de vida sagrada y que se ha mantenido inflexible. Es por esto por lo que aquellas almas que entraron en su radiación fueron elevadas a la unión con la Forma Fulgurante de Él, desde donde han seguido enviando sus Rayos de Actividad para bendecir la humanidad. De allí deriva el gran magnetismo del Tíbet, así como el destino de la India y de América ha sido entretejido como dos lianas que reúnen el árbol de la Vida, así nuevamente viene la ayuda radiante para fundir en armonía las mentes de manera que su elevación continúe sin interrupciones.

En la actualidad hay niños que, originalmente procedentes de la India, han reencarnado en América. También hay miles de americanos que han reencarnado en la India para llevar su mixtura y su proceso equilibrador a ambas secciones de la Tierra.

Esta maravillosa Entidad que te ha sido mostrada después de muchos siglos en el Gran Silencio da este paso hacia acá para practicar el proceso consciente de espíritu y manifestación. Te ofrece el cáliz de fuego líquido espiritual, derramándolo en los corazones de la humanidad para generar en ella un deseo más grande de luz proveniente de la Gran Fuente de Luz «YO SOY» Dios en Acción en todas partes.

La entrada de esta Gran Presencia a la actividad humana se extenderá como un hilo de luz a través de todas las Américas, y esparciendo su Luminosa Presencia como un manto de nieve dorada que cae suavemente será absorbida por las mentes humanas, la mayoría de las cuales no será consciente del proceso, aunque algunas sentirán esa Presencia penetrante en su interior.

Si quienes están bajo esta radiación mantienen un bello y armonioso progreso, será posible traerles a la atención ciertas actividades del fluido nervioso que avanzarán sus maestrías sobre la forma externa, es decir, maestría sobre todas las condiciones que aparentan aprisionarlos.

Tanto tú como tus estudiantes deben estar alertas de revertir todas las condiciones negativas que aparezcan a los sentidos. Por ejemplo: si tienes frío, invierte la conciencia y reafírmate a ti mismo que eso no es cierto, y que lo habitual es la buena temperatura. Si tienes calor, reviértelo con la conciencia de la frescura habitual. Si te sientes pleno de alegría a raíz de una buena noticia, hay que decir: «Paz, aquiétate». No es recomendable forzar la balanza alterando la Ley del Ritmo. Debes decretar la calma, el reposo y seguridad. Lo más idóneo en todas las comunicaciones de los sentidos es el moverse por el camino del medio, el equilibrio, manteniendo la tranquila maestría del «YO SOY». Esto propiciará que se establezca una corriente fluida, continua, de energía e ideas creativas que vienen del corazón del Gran Sol Central, de donde viene este Gran Ser, el Dios Himalaya. Esto también te dará las habilidades para recibir y saber usar inmensamente más de la radiante energía que Él emana. La razón por la cual he llamado tu atención sobre Él es para que puedas recibir esta energía ilimitadamente, además de la que extraes por tus esfuerzos conscientes.

Los discípulos deben entender que los Maestros no acuden a ellos por iniciativa individual de ellos, sino que son los Maestros los que han seleccionado a los estudiantes para que estos reciban Su Radiación. Es una suerte imposible de explicar con palabras: únicamente se puede sentir o ver. Además, la responsabilidad del Maestro no es la de asumir sus responsabilidades ni resolver sus problemas, sino la de enseñar la comprensión inteligente que los estudiantes puedan emplear en sus vidas, y así resolver sus propios problemas. Así ganarán la fuerza, el valor y la confianza para avanzar paso a paso en la maestría consciente que domina el ser y el mundo externo.

Llega un momento en el camino del crecimiento espiritual en el que oímos a los estudiantes invocándonos con gran honestidad: «Grandes Maestros, ayúdennos a resolver nuestros problemas». Para animarlos y darles y fuerzas les diré que no tienen la menor idea de la Radiante Presencia de los maestros enviándoles fuerza, valor, confianza y luz. Los estudiantes ignoran esto por completo. Hay una sola herramienta que todo aquel que es sabio puede utilizar para dar una ayuda permanente a aquellos hermanos que piden asistencia, y es la de enseñarles estas sencillas leyes que les darán la victoria y el dominio sobre el ser y el mundo exterior. Porque atender a su petición expresa, es decir, solventarles directamente sus problemas, solo consigue retardar su progreso y debilitarlos de muchas maneras. Solamente decretando su propia fuerza se consiguen los triunfos y se obtiene la confianza que no puede ser alcanzada de ninguna otra forma. Así entra el estudiante en la plenitud de sus propios poderes. Con la práctica consciente de su Poderosa Presencia «YO SOY», el estudiante adelanta sin titubeos hacia su meta de victoria.

Hay una razón por la que no le decimos a los estudiantes sobre la asistencia que los maestros les damos, y es para impedir que se recuesten sobre un soporte externo. Este sería el error más grande que pudiéramos cometer: hacer o decir cualquier cosa que hiciera conocer nuestra Presencia, por lo cual el estudiante se recostaría en nosotros. Por lo demás, el discípulo no tiene nada que temer, y debe saber que siempre le damos toda la asistencia posible, en función del grado de avance en su propio proceso que vaya logrando.

La Presencia «YO SOY», la Hueste Ascendida y el Maestro Jesús son todos una misma cosa. Mediante el uso y el reconocimiento de la Presencia «YO SOY», te aseguro que puedes producir positivamente cualquier cualidad que desees manifestar en la Conciencia exterior. Lo único que tienes que hacer es practicarlo.

Todos necesitamos recordarle con frecuencia a nuestra conciencia externa que cuando se dice «YO SOY» esto a aquello, se está poniendo a Dios en Acción, y que esto es la propia vida individualizada, la Vida del Universo, la Energía del Universo, la Inteligencia en el Corazón del Universo gobernándolo todo, absolutamente todo. Es esencial, vital, recordarle frecuentemente esta Verdad a la conciencia externa.

Esta conciencia genera el entusiasmo dichoso que irá aumentando de manera continua. En ningún momento debe detenerse el gozo de este uso, porque es absolutamente el camino de la Completa Maestría.

Los estudiantes deben tener presente que ellos son el Poder Consciente que controla sus vidas y sus mundos, y que pueden llenarlos con cualquier cualidad que necesiten o que deseen.

Las personas que sufren de disturbios físicos intermitentes deben hacer conciencia a menudo de la reflexión «YO SOY el aliento perfectamente controlado de mi cuerpo», y en conexión con esto deben hacer con tanta frecuencia como puedan la respiración rítmica. Esto les dará un equilibrio de la respiración que es de gran ayuda para controlar pensamiento.

Algo muy importante para los estudiantes genuinos es que deben evitar escuchar cosas perturbadoras y negativas, porque estas dejan entrar elementos indeseables que se adentran inconscientemente. Cuando materialmente no se pueda evitar, debe repetirse la siguiente afirmación: «YO SOY la Presencia Guardiana que consume al instante todo lo que busque perturbarme». Así no se protegerá únicamente a él mismo, sino que ayudará también a la otra persona. Aunque no se debe temer nada, es necesario mantenerse en alerta consciente hasta que se haya alcanzado la suficiente maestría para gobernar los pensamientos, los sentimientos y la receptividad.

Intenta mantenerte en la dicha y el entusiasmo en la Presencia «YO SOY». Entrégale el poder y no albergues preguntas en tu mente. Suelta todo a los cuatro vientos, entrégaselo todo y espera sus revelaciones mágicas. La grandiosa Presencia es la única que puede resolver todas las cosas, todos los problemas y contestar las preguntas que necesiten revelaciones y contestaciones. Una grandiosa afirmación de inmensa ayuda es: «YO SOY la milagrosa Presencia trabajando en todo lo que yo necesito que se haga».

Las personas que meditan o reflexionan lo que quiere decir «YO», o «YO SOY» obtienen resultados, revelaciones y bendiciones fuera de toda ponderación. Yo sé que tus estudiantes comenzarán muy pronto a sentir y a manifestar la extraordinaria actividad de esta práctica. Yo mismo lo estoy sintiendo ya en ustedes.

Mientras tu cuerpo duerme, ocurre en los planos superiores una recepción constante e intercambio de ayuda. Es algo de lo cual tu ser exterior no puede tener conocimiento.

En el mismo instante en que puedas calmar la mente exterior y ponerla bajo control recibirás tal cantidad de revelaciones que se atropellarán en tu mente. Y sabiendo que «YO SOY la Esencia de todo aquello que yo deseo», ya sabes que te es posible producir en forma visible y tangible cualquier cosa que tengas en la conciencia.

Por una necesidad imperante, el Maestro Himalaya quiso venir a este plano. Él llega con una mezcla especial de América y de la India, y por eso es por lo que le es posible aparecer aquí. A medida que la Presencia Interior entra en actividad, toda otra actividad se detiene. Es lógico y necesario, porque la actividad obedece a la Presencia «YO SOY». Una Nieve Dorada es esparcida sobre las Américas por la Presencia para ser absorbida de la atmósfera. Apenas los estudiantes se convierten voluntariamente en focos de esta emanación, son bendecidos y asistidos.

Los discípulos deben entender que en algunas necesidades nacionales, como también individuales, faltan las cualidades necesarias para salir adelante. Esta es la razón por la que Grandes Entidades especiales vienen hacia la Tierra. Ellas tienen cualidades predominantes que la situación necesita en un momento dado. Los estudiantes que sean capaces de entender esto encontrarán un elemento nuevo entrando en sus vidas, que les beneficiará de muchas formas.

Es vital tener una actitud de espera o de expectativa cuando esperamos recibir algo de la Presencia Interior. Es una facultad de inmensos beneficios para el que la cultiva. Por ejemplo, si hemos trabajado en un proyecto que esperamos con dicha, nos sentimos llenos de expectativa. Podemos usar esta expectativa, que es de gran ayuda, para que se manifieste lo que deseamos. Si tú llamas por teléfono a alguien para que te espere en algún lugar de la ciudad, sales de casa esperando el encuentro; de la misma forma, si deseas conocer a los Maestros, un requisito para lograrlo es la expectativa de verlos. ¿Por qué no? Centra tu mente en la expectativa ya.

Capítulo XII

Las experiencias que resultan de los aparentes misterios de la vida, cuando somos capaces de comprenderlas, son bendiciones disfrazadas, ya que cualquier experiencia que nos hace volvernos hacia la única Presencia «YO SOY», «Dios en Acción», nos habrá servido de grandes propósitos y bendiciones.

Las vivencias desafortunadas se producen porque las personas están constantemente buscando en los orígenes externos su existencia, la inspiración y también el Amor, que no es sino la Presencia Suprema y su Poder en el Universo.

Sin importar cuáles son las condiciones a las cuales tenemos que enfrentarnos, no debemos olvidar la idea de que el Amor es el eje del Universo, sobre el que todo gira. Esto no quiere decir que tengamos que amar la falta de armonía, la discordia ni ninguna otra cosa que no se asemeje al Cristo, pero sí podemos amar a Dios en Acción, a la Presencia «YO SOY», en todas partes, pues lo opuesto al odio es el Amor y «nadie puede odiar sin haber amado profundamente primero».

Cada individuo es un poder y debe ser el Principio Gobernante de su vida y su mundo. En la certeza que dentro de cada ser humano está la Presencia «YO SOY» actuando sin cesar se puede observar que cada uno retiene entre sus manos físicas el cetro del dominio y debe recordar que la invencible Presencia de Dios es siempre la actividad inteligente de su mundo y sus asuntos. Esto permite que su atención permanezca alejada de la apariencia externa, que nunca contiene la Verdad, a menos que sea iluminada por la Presencia «YO SOY».

Independientemente de cuál sea el problema que solucionar, no hay sino un solo Poder, una Presencia y una Inteligencia capaz de resolverlo. Ese es el reconocimiento de la Presencia de Dios, la cual no puede obstaculizar ninguna actividad exterior, a menos que la atención se separe consciente o inconscientemente de este reconocimiento y aceptación del Poder Supremo de Dios.

El Principio vital, permanentemente activo, está siempre intentando expresarse en su Perfección natural, pero los hombres, con su libre albedrío, consciente o inconscientemente lo califican con toda clase de distorsiones. El individuo que conserve su atención firme en la Presencia «YO SOY en Dios y con Dios» se transforma en un Poder Invencible que ninguna manifestación humana puede vencer.

Cuando hacemos consciencia de «Yo estoy aquí, Yo estoy allá», surgen personas que nos ayudan cuando lo necesitamos, ya que el «YO SOY» está dentro de aquellos amigos también. La liberación de todo dominio u obstáculo solo puede venir a través de esta Presencia «YO SOY Dios en Acción» en la vida de la persona.

En muchas ocasiones, es necesaria una gran tenacidad para aferrarse a la Presencia cuando las apariencias parecen estar dominándolo todo. Existe un viejo refrán que dice: «Nadie ha fracasado mientras no se rinde». Esto es cierto, porque mientras alguien se una a Dios como su inteligencia gobernante, no hay actividad humana alguna que pueda obstaculizar la gran emanación que fluye a su alrededor.

Durante los siglos, la humanidad ha centrado su atención en las apariencias, invitando así a toda clase de discordia y malestar, pero actualmente hay miles de personas que han llegado a entender que la Presencia de Dios dentro de ellos es absolutamente invencible, hasta el punto de encontrarse por siempre elevados sobre la injusticia, la discordia y la inarmonía de la creación externa. Mientras los humanos no aprendan a centrar su atención en la Presencia «YO SOY» o Dios Interior, se verán rodeados por lo indeseable, pero a través de esta Presencia «YO SOY» cada quien tiene el poder de elevarse por encima de la discordia y la perturbación de esa creación externa.

Al principio resulta difícil mantenerse firme cuando los nubarrones aparentes son muy pesados, pero la actividad dinámica de la atención fija en la Presencia de Dios Interior es como el rayo que se adentra y disuelve la amenazadora tormenta.

A medida que avanza, se siente la persona más y más invencible ante la creación humana que genera tantas perturbaciones. La frase de Jesús: «Conoced la Verdad y Ella los hará libres» fue, indudablemente, una de las Verdades más grandes y simples, pues el gran fundamento es el saber que esta Gran Verdad a la que Él se refirió era el recuerdo de la Invencible Presencia de Dios Interno. Si tú eres consciente de esto, y estás seguro de ello y lo repites con frecuencia, entonces sí sabes que tienes la Presencia dentro de ti.

El siguiente paso es determinar: «YO SOY la Presencia iluminadora, por lo cual nada que yo necesite saber puede ser sustraído, ya que "YO SOY" la Sabiduría, "YO SOY" el Poder revelador que me trae todo ante mí para yo poder comprender y actuar de acuerdo».

Una vez que se ha internalizado que «YO SOY la Única Inteligencia y la Única Presencia actuando», es muy sencillo ver cómo tú tienes el cetro entre tus manos físicas, y mediante esta Presencia «YO SOY» puedes obligar a que todo lo que tú desees conocer te sea revelado. Te puedo asegurar que esto no interfiere de ninguna manera con el libre albedrío de ningún otro individuo, y que no hay error ni daño alguno en reclamar y pedir lo que es de uno, pues al hacer esto no se está interfiriendo ni dañando a nadie.

Si en algún momento alguien hace cualquier cosa por quitarnos lo que es nuestro, tenemos el derecho de ordenar a través de la Presencia «YO SOY» que todo el cuadro sea ajustado o que lo nuestro nos sea devuelto. En este caso, hemos de ser cuidadosos de que cuando pongamos la Ley Divina en Amor y que la Justicia Divina empiece a manifestarse, no nos veamos invadidos de lástima e interrumpamos la acción de la Ley. Cuando los seres humanos son gobernados enteramente por su ser exterior y no piensan en el poder de Dios que les da la Vida, muy fácilmente caen en toda clase de injusticias, pero esto no significa que nosotros les vamos a permitir hacerlo en nuestro propio mundo. ¡No! Y mucho menos cuando somos conscientes de que tenemos el Poder de Dios para ordenar y pedir la corrección y la justicia en todas partes.

Te daré un ejemplo: Una de mis estudiantes estaba atravesando un problema, y sabiendo yo que ella es muy espiritual, le dije que afirmara sus derechos y justicia. Siguió mi consejo, y empezaron a pasarle cosas a aquellos que querían actuar injustamente con ella. Por su alma bondadosa, comenzó a arrepentirse y a desear no haber pedido justicia.

Entonces acudió a mí y me dijo: «¿Qué debo hacer?». Y yo le respondí: «Afírmese en el decreto que usted ha hecho. Usted no es responsable de las lecciones que tienen que aprender las personas que la han dañado, de manera que déjeles recibir sus lecciones y no permita que esto la afecte».

Cuando las personas comienzan a actuar de mala manera, en ese instante y minuto ponen en marcha la Gran Ley Universal de la Retribución y no serán capaces de evitar que les golpee esa retribución algún día en alguna parte, de la misma manera que ellos no pueden evitar la acción de los planetas. Para la víctima inocente, la retribución parece tardar mucho en llegar, pero mientras más tarde, tanto más poderosa será su acción cuando llegue. No existe ningún individuo que pueda evitar esta Ley.

Muchos discípulos han creído alguna vez que otras personas pueden enviarles cosas malas, pero yo les aseguro que esto no es así. La única forma de evitarlo es no dando a los pensamientos indeseables, pues darles paso significaría dejar entrar el odio, la crítica y la condenación. Entonces, si se ha hecho esto, se habrá generado aquella cosa en que él cree.

Quien reconoce el poder de Dios dentro de sí no tiene por qué temer nada de nadie. Cada quien puede experimentar, si así lo desea, la plenitud de la actividad de Dios en su vida y su entorno. Es, simplemente, el hecho de decidir lo que tú quieras tener. Si quieres Paz y Armonía, conoce esto: «YO SOY el Poder que lo produce». Si quieres ajustes en tus asuntos conoce lo siguiente: «YO SOY la Inteligencia y el Poder que los produce y ninguna otra actividad exterior puede impedírmelo».

En el aparente misterio de la actividad incesante de

la Vida, está la Magna Presencia «YO SOY» siempre dispuesta a bendecirte con gracia inconcebible, si es que tú se lo permites. ¿Y cómo puedes hacer para permitírselo? «¡Por la aceptación gozosa de esta Magna Presencia y este Gran Poder en ti!» Y no dudes en invocarla para que actúe incluso en los más pequeños detalles de tu vida diaria, sin importar cuán insignificantes te parezcan, pues no hay en el Universo otra energía que actúe a través de tu conciencia, tu mente, tu cuerpo y tu mundo.

Repite con frecuencia, en cada cosa que quieras conseguir: «YO SOY la Presencia». Esto abre el canal para que actúe el Poder de Dios. No tengas conmiseración por lo externo, que en su ignorancia actúa mal, ya sea en ti o en otros.

Conserva la calma y mantente en serenidad, con la certeza que Dios es la única inteligencia y Poder que actúa en tu mundo y tus asuntos. «YO SOY en ti» es la fuerza y la curación autosostenida, manifestándose en tu mente y tu cuerpo. Esto te mantiene en mayor entonación. Enfréntate a Dios y surgirá siempre la Energía para ordenar cada situación. Quienes comprenden esta Ley no están atadas a la injusticia ni a las condiciones que trata de imponerles el ser exterior de los demás.

Debes recordarle esto a tu mente externa con frecuencia. Asegúrate siempre que dentro de ti no hay más que la Presencia y el Poder de Dios actuando en ti y en tus asuntos.

Repite en muchas circunstancias que «No hay nada oculto que no me sea revelado» (cuán diferente es este aspecto al que imponen los «oculistas» al no permitir que se revelen sus cánones). Esta afirmación es muy necesaria. También recuerda siempre que, frente a lo que hagan los terceros, la salvaguardia es llenarlos de Amor Divino (Llama Violeta, Rosa, etc.). Cuando la gente busca el disfrute a través de hacer alguna maldad e injusticia a otro, no lo consigue, pues siempre pierde alguna facultad por medio de la cual la hubiera podido disfrutar.

Los demás tienen el mismo privilegio que tienes tú de alinearse con Dios, y si no lo hacen, es su problema, no el tuyo.

Dios es la Presencia y el Poder Todo omnisciente que sabe y descubre todas las cosas. Tú puedes decir por otro «Amada Presencia "YO SOY" en este individuo, invoco tu Poder consciente, tu Perfección tu Sabiduría y tu Inteligencia directiva a que hagas que todo se le ajuste y reciba la Paz y el Descanso que tanto necesita. YO SOY la presencia que manda y dirige que esto sea hecho ahora. Elévale su Conciencia a la Luz incandescente en la cual ella pueda ver y conocer el Reposo y la Belleza que son suyos por su propia Creación y Servicio».

Es una equivocación permitir que la lástima nos lleve a meternos en condiciones muy destructivas. Toma la postura de «YO SOY la Única Presencia actuando allí».

Si quieres ayudar a aquellos que han desencarnado, repite: «YO SOY la Presencia que mantiene a esa persona en la esfera a la que pertenece, enseñando e iluminando».

Si el estudiante logra la idea correcta de llenar de Amor a su propio Ser Divino, experimentará alivio total de toda discordia.

Para perfeccionar condiciones, di: «YO SOY la Presencia ordenando y sanando esta situación».

Los seres humanos, en general, y los médicos, en particular, han lastimosamente distorsionado las cosas. La persona que desea alcanzar la Presencia «YO SOY» y vivir allí necesita la energía que, precisamente, desperdicia. Los médicos son responsables en gran manera de esta lamentable condición, porque enseñan y abogan por la exaltación del apetito sexual, que es el mayor canal de desperdicio al que nos enfrentamos.

Esto es lo que hace imposible aferrarse a la Presencia «YO SOY» lo suficiente para alcanzar la Maestría. Es el 95% de la causa de la vejez, la pérdida de la vista, del oído y de la memoria, ya que estas capacidades dejan de funcionar cuando deja de fluir la corriente de energía vital a la estructura celular de la masa cerebral. Pero esta información no la reciben bien los individuos hasta que lo aprenden a fuerza de la experiencia. La voluntad no puede hacer nada sin esta energía vital.

Esta energía que el hombre desperdicia es la fuerza

que les permitiría aferrarse firmemente a la Presencia «YO SOY». Es la vida que necesita para asirse a la Presencia de Dios «YO SOY». Cuando el ser exterior ha pasado siglos empleando su fuerza vital en crear condiciones equivocadas, ese desperdicio se vuelve un drenaje abierto y perenne contra la conciencia individual.

Existe una sola manera de transformar aquello que se haya consumido por ese canal erróneo, que mantiene al ser atado al mal uso y a la mala manifestación. Y es que, cada vez que se presente la ocasión o la expresión del falso concepto, debemos centrar el pensamiento de manera inmediata en el Ser Superior. Muchas personas creen firmemente que se puede controlar el deseo sexual por pura fuerza de voluntad, obligándose a gobernar el impulso, bien sea sexual o de alcohol o cigarrillos, drogas o cualquier otra sustancia. Esto es inútil, porque lo que se gana es la represión que lo obliga a explotar por otro lado. Lo único que podemos hacer es redirigir la atención y salir de allí repitiendo lo siguiente: «YO SOY la Presencia que cambia esto y lo cambia ahora, porque la Acción de Dios es siempre instantánea».

En toda condición equivocada lo primero es siempre invocar la Ley del perdón y la Llama Violeta transmutadora. Recuerda que al poner en movimiento o energizar algo, actúa de forma inmediata. Cuando se usa el «YO SOY» se ponen en movimiento el Poder de Dios y su acción.

Uno de los estados más lamentables en los que tiene que vivir el hombre es, quizá, el llamado derecho legal de mantener atado a otro ser a la actividad sexual, cuando este ya quiere libertarse y salir de abajo. Pues aún en la ignorancia de la mente exterior hay naturalezas que tienen un poderoso desarrollo de la actividad amor. El Amor Puro nunca actúa más abajo del corazón. El Amor Verdadero jamás requiere contacto sexual de ninguna clase. La Gran Ascendida Hueste de Luz está siempre con aquellos que desean actuar con justicia. Envíales tus pensamientos y recibirás su asistencia.

Tú tienes un poder invulnerable e invencible si eres de los que comprenden y practican la Presencia «YO SOY».

La Ley del Perdón es la puerta abierta para llegar al Corazón de Dios. Es la nota tonal, el eje del Universo.

Estos son los puntos más relevantes de esta enseñanza. No los utilices para enseñar a principiantes, pues no lo comprenderán.

Capítulo XIII

«YO SOY» la Resurrección y la Vida.

YO SOY la Energía que utilizas en cada acción;

YO SOY la Luz que ilumina cada célula de tu ser;

YO SOY la Inteligencia, la Sabiduría que dirige cada uno de tus esfuerzos;

YO SOY la Sustancia omnipresente ilimitada que puedes emplear y traer a la forma;

YO SOY tu Fuerza, tu Comprensión perfecta;

YO SOY tu Habilidad para emplearla constantemente;

YO SOY la Verdad que te da la Libertad perfecta en este momento;

YO SOY la puerta abierta a la Luz de Dios que jamás fracasa;

Doy las gracias, he entrado en esta Luz de forma plena, practicando la comprensión perfecta.

YO SOY tu Vista, que ve todas las cosas visibles e invisibles:

YO SOY tu Oído, que escucha las campanas de la Libertad que tengo ahora:

YO SOY tu Habilidad de sentir la más embriagadora fragancia a voluntad.

YO SOY la totalidad de toda Perfección que quieras manifestar.

YO SOY la Comprensión total, Poder y Uso de toda esta Perfección;

YO SOY la Revelación total y el uso de todos los poderes de mi ser que YO SOY.

YO SOY el Amor, el magno Poder motriz detrás de todas las acciones.

Quiero ofrecerles a los estudiantes, bajo esta radiación, la más cariñosa advertencia de vigilar sus emociones, para que en ningún momento permitan albergar un sentimiento de envidia de los progresos que otros alcancen. Cada discípulo debe recordar siempre, en cualquier circunstancia, que los demás estudiantes no son de su incumbencia, excepto el saber que: «YO SOY la Presencia de Dios allí en Acción».

Cuando un estudiante invierte tiempo en admirar y preguntarse en su mente acerca del progreso de otro, retarda muchísimo su propia evolución y de ninguna manera es admisible.

Cada discípulo debe internalizar que su única incumbencia es la de armonizar, apurar y expandir su propia mente y su mundo. Cuando los estudiantes entiendan que la única demanda imperativa de la «Gran Ley de su Ser» es la armonía de su mente y sentimientos, la Perfección se manifestará de manera inmediata. Y si no la mantienen, no podrán pasar de cierto grado de progreso.

Cuando los estudiantes sean conscientes de esto, y empiecen a utilizar la Presencia «YO SOY» para ordenar la armonía y el silencio de su actividad externa, se darán cuenta de que serán capaces de ver, sentir y ser la Perfección que han anhelado tanto. Cuando los estudiantes y amigos tienen un profundo y sincero Amor para cada cual, ese Amor es la bendición más grande y el poder más estimulante. Esta es una forma de que el estudiante se examine de manera continua, para evaluar el poder que está actuando en él.

Si alguien se siente crítico, curioso o inarmonioso respecto a otra persona, condición, lugar o cosa, es esta la señal segura de que el yo externo está actuando, y la actitud que debemos adoptar es la de corregirse de manera inmediata. Cada quien, especialmente los estudiantes, deben entender que lo único que tienen que hacer es sentir, ver y ser la Perfección en su propio mundo.

Esto es de gran importancia, y es la razón por la cual lo repito tanto a estas alturas, porque cuando los estudiantes comienzan a experimentar manifestaciones poco usuales, inicialmente pueden surgir tentaciones de pensar de esta manera: «Puedo usar la Ley mejor que esta otra persona». No es necesario que te lo diga, pero tú sabes que esto es un gran error.

No se puede usar por mucho tiempo la afirmación «YO SOY», aun intelectualmente, sin que comencemos a sentir una convicción más profunda cada vez que: «YO SOY todas las cosas». Piensa con frecuencia en lo que estas dos palabras maravillosas significan, y siempre junta con su uso la afirmación: «Cuando digo "YO SOY", estoy poniendo en movimiento el Poder de Dios Ilimitado en la expresión con la cual junté YO SOY». En la declaración bíblica: «Antes que Abrahán era, YO SOY», Abrahán representa la expresión exterior de la Vida y «YO SOY» representa el principio de la Vida, que era la expresión a través de Abrahán. Así, había Perfección de Vida antes que ocurriese manifestación alguna, y así es la Vida sin principio y sin fin.

¡Mi querido estudiante! Mi corazón se llena de dicha ante la cercanía con la cual algunos de ustedes están sintiendo la convicción de la Majestuosa Presencia, «YO SOY» que son. Hagan todo lo posible por sentir con calma, serenamente, y si no lo pueden ver de otra manera cierren sus ojos y vean la Perfección en todas partes. Recibirán más y más pruebas de la maravillosa Presencia de esta Verdad. Oirán, sentirán, verán y experimentarán esa maravilla de maravillas que como niños han vivido, y verán los milagros efectuados.

Las descripciones y explicaciones del uso de esta Poderosa Presencia «YO SOY» han sido escritas para que te beneficies de ellas. Tú, que te aferras a la Verdad, alcanzarás la acción triple de ver, oír y experimentar estos llamados milagros, milagros hasta que entiendas cómo ocurren, luego serán para ti simples verdades que podrás aplicar para siempre una vez que las hayas internalizado.

Lo único que puedo decirte, tras todos mis siglos de experiencia, es que mi corazón se encuentra pleno de alegría ante tu aproximación a la toma del Cetro del Dominio. ¡Avanza, mi valiente! ¡No dudes! ¡Empuña tu Cetro de Dominio! Levántalo, porque «YO SOY» el Cetro, la Llama Inextinguible, la Luz Deslumbrante, la Perfección que una vez conociste. ¡Ven! Déjame envolverte en mi fuerte abrazo, que donde ha habido dos por tanto tiempo haya solamente uno, «YO SOY». «YO SOY» el Sabio, el Constructor, la Perfección expresada en este momento.

Nuevamente hablo a las personas que desean ver sus problemas resueltos. Hay únicamente Una Presencia en el Universo que puede y siempre resuelve cualquier problema, y esa es la Presencia «YO SOY», presente en todas partes. ¡Querido! Permíteme que te diga con todo cariño: No es de ningún valor tratar de resolver un problema solamente, pues donde había uno, una docena pueden surgir, pero cuando sabes que la Actitud Perfecta es entrar en la Presencia «YO SOY» y que ella puede resolver de manera indiscutible cada problema, harás que todos los problemas desaparezcan tan ciertamente como Yo te hablo, porque cuando vives en la Presencia «YO SOY» constantemente, calmadamente y con determinación suficiente, en vez de tener muchos problemas no resueltos, habrás entrado en el estado donde no existe ninguno.

Yo ordeno al poder en estas palabras de hoy que dirijan a todo el mundo que las oye o lee hacia la Convicción Verdadera y la Comprensión tras ellas.

Para el Cerebro: «YO SOY el aceleramiento de las células; de esta (mía o tuya) estructura cerebral, causando que se expanda y reciba la Dirección Inteligente de la Poderosa Presencia Interna».

Debes saber que tienes el poder de calificar conscientemente tu pensamiento de la manera que prefieras a través de la Presencia «YO SOY». No existe nadie que te diga lo que debes hacer porque eres un Ser Libre con Libre Albedrío. Si fueses consciente de cada pensamiento que atraviesa tu mente durante 6 semanas, y lo mantuvieses calificado con la Perfección, verías los resultados más increíbles. Di con frecuencia: «YO SOY el Maestro Interior gobernando y controlando todos mis procesos de pensamiento, en la Perfección de Cristo, íntegramente como Yo deseo que sean».

Cuando bendices a otros o los visualizas en la Luz, hay una actividad doble de la calidad que ordenas. Haciendo esto, el resultado automático es una cierta cantidad de protección, pero el pensamiento y la calidad en la Luz y la bendición se registran principalmente en nuestra propia conciencia, y al mismo tiempo intensifican esa cualidad en la persona a la cual ha sido enviada.

Tomas la posición eterna de que: «YO SOY lo que quiero Ser». Debes emplear la Presencia «YO SOY» de manera consciente siempre. Rara vez, incluso entre los estudiantes, se ha entendido en profundidad lo que la Presencia «YO SOY» representa. En pocas ocasiones ha ocurrido una verdadera comprensión del «YO SOY», excepto en los retiros de los Maestros Ascendidos. Jesús fue el primero en darle énfasis en el mundo exterior. Debo insistir con seriedad: no le des ninguna importancia al elemento tiempo. La manifestación viene de manera instantánea cuando otorgas a la Presencia «YO SOY» la libertad suficiente. Anda, trabaja, conoce y deja que la Presencia «YO SOY» se ocupe de lo referente al tiempo.

Cuando haces un decreto de la Verdad y te aferras a él, necesariamente recibirás. Lo externo no tiene ningún poder por sí solo. Tu deber es sencillamente el de saber que la presencia «YO SOY» está en acción. Algunas veces, sin ser consciente de ello, el Yo externo está esperando el tiempo de la manifestación.

Yo te puedo expresar la convicción y el sentimiento de que cuando ordenas en el nombre de la Presencia «YO SOY», Dios Todopoderoso se mueve a la acción. No olvides que cuando estás trabajando con personalidades, estás trabajando con la creación humana externa, y tienes todo el derecho y Poder de ordenar su silencio y obediencia, así sea en tu propio YO externo o en el otro.

Si pudieses contar hasta diez antes de hablar, serías capaz de controlar todo el impulso súbito, y tras esto hay una Ley Todopoderosa que puede ayudar al estudiante de muchas maneras. Cuando hay un impulso súbito, hay una liberación o abalanzamiento de energía que estaba acumulada. Si hay rabia, esta energía es calificada instantáneamente con la rabia o con destrucción de algún tipo.

El poder de autocontrol diría: «Solo la Perfección de Dios sale». Esto podría manejar cualquier condición de impulso incontrolado con la cual la persona lucha. Cuando el estudiante ya ha dejado salir algo que no es deseado, lo que debe hacer es consumirlo conscientemente en el mismo momento.

El uso continuo de «Dios Bendiga esto», encaminado

hacia las cosas inanimadas, trae asombrosos descubrimientos. La forma más fácil de ver y sentir la Perfección es calificando cada pensamiento y sentimiento que sale con la Perfección. Cuando llega el impulso de hacer cualquier cosa, en ese mismo instante califícalo con la Perfección.

Historia de la locomotora en un pueblecito: El silbato es la advertencia, el «YO SOY» es el control de la locomotora.

El ser humano ordinario no pensaría en atropellar niños y matarlos. No obstante, libera energía calificada de manera negativa a través del pensamiento, sentimiento y palabras, que acaban con los impulsos más altos en otros. Si tu personalidad no es controlada y gobernada, tiene las mismas cualidades que todas las demás personalidades, pero tu Presencia «YO SOY» es el control perfecto de ella.

Lo más trágico en el mundo es una persona que tiene un pensamiento de limitación sobre otro ser humano. Un pensamiento de imperfección dirigido hacia una persona sensible algunas veces es capaz de limitar a esta por años, y muchas veces los resultados son muy lamentables. Todos debemos darle a todo el mundo su libertad mental. Si hablas de libertad para ti, asegúrate de dársela primero a cada uno. Cuando hay una condición en otro que desees ayudar, emplea lo siguiente: «YO SOY la Manifestación Perfecta allí».

El principio de la energía y la sustancia es el mismo. La sustancia tiene energía dentro, naturalmente. El corazón o centro de la sustancia es Acción Inteligente. La Vibración en su estado natural es pura siempre. La Vibración es energía en acción y debe ser calificada.

La pulsación en toda sustancia es el «Aliento de DIOS» en acción. Cuando respires, piensa: «YO SOY la Energía Perfecta de cada soplo que respiro. YO SOY la Atmósfera Pura de mi mundo».

Perfecciona el hábito de calificar constantemente tu mundo con la Perfección. El hábito antiguo de pensar en imperfecciones ha colmado tu mundo en el pasado. Ahora lo importante es tener consciencia de que todo el tiempo estás llenando tu mundo con la Perfección. Lo primero que vas a hacer por la mañana es ponerte de pie y decir con genuino sentimiento: «YO SOY la Presencia llenando mi mundo con la Perfección este día».

No te preocupes por las personalidades.

Si asumes la postura de «YO SOY la Perfección actuando a través de cualquier funcionario» impulsas el «YO SOY el Poder y la Acción allí».

Lo primero que debes hacer por las mañanas es decir: «Yo califico todo en mi Mundo este día con la Perfección porque YO SOY la Perfección. «Yo califico esta mente y cuerpo con la Perfección Absoluta y me niego a aceptar cualquier otra cosa».

«YO SOY el milagro y YO SOY la Presencia precisando su manifestación a través del Amor Divino, Sabiduría y Poder».

Capítulo XIV
Fe - Esperanza - Caridad

Quiero llamar la atención ahora sobre la Presencia Activa de la FE, la ESPERANZA y la CARIDAD.

Para esto pensaremos la FE como el Poder Emanador Conquistador; la ESPERANZA como la puerta abierta a través del velo actuando en la Presencia Pura; la CARIDAD como la determinación de no pensar lo malo, no hablar lo malo, no ver lo malo, no oír lo malo, no sentir lo malo.

Los discípulos deben vigilar constantemente la Actividad Interna de la mente exterior, y no dejarse engañar por sus acciones. Esto puede parecer una paradoja, pero no lo es, y tiene más importancia de lo que parece inicialmente. Si un sentimiento de resistencia (de cualquier tipo) está al acecho de la conciencia, debes arrancarlo de raíz, pues sabes que pertenece a lo externo y obstaculizará el camino de tu logro mientras no lo arranques.

La ruta certera hacia el Autocontrol y la Maestría Absoluta consiste en mantener una disposición dulce y tranquila ante todas las cosas, lo que resulta indispensable para alcanzar todo lo que deseas y anhelas.

Los Maestros Cósmicos FE, ESPERANZA y CARIDAD: Al llamar tu atención hacia estos tres principios siempre activos en la vida de la humanidad, quiero que tengas presente que estos no son únicamente cualidades dentro de ti, sino que son Seres de Gran Luz y avance que también son conocidos como la FE, la ESPERANZA y la CARIDAD. Los discípulos e individuos que se esfuerzan de manera consciente por cultivar y expandir estas cualidades en sus mundos, se darán cuenta de que obtienen gran ayuda de estos Seres Poderosos y Conscientes, de cuyos nombres proceden las individualizaciones de estas cualidades. Estos son Seres Cósmicos, Autoconscientes e Inteligentes cuya acción especial para con el hombre es la de alentar y expandir estas cualidades. Por ende, los estudiantes deben comprender que esto es más que una frase o expresión de las Escrituras. Actualmente, estos Grandes han salido del «SILENCIO CÓSMICO» a raíz de la necesidad de

Fe, Esperanza y Caridad en la mentes y corazones de los hombres.

La Fuerza siniestra que habría destruido la confianza, la esperanza y la caridad en las mentes de todos los pueblos está condenada al fracaso. De una actividad aparentemente mala va a salir un bien mayor. Como la fuerza hipnótica que fue generada se ha consumido ella misma, muchos humanos están cuestionándose qué los llevó a hacer ciertas cosas. Después de todo, su misma rebelión generará la fuerza que será empleada para revertir las condiciones.

DIOS, que es Progreso, no concibe la derrota en ninguna cosa. Permite que los estudiantes siempre recuerden esto, que les ayudará a mantener la Paz y el Equilibrio de la mente, que tan necesario es.

El Ser Majestuoso «CARIDAD» tiene una fuerza natural consumidora para disolver y acabar con el odio, la crítica y la condenación, y emplea los Rayos Cósmicos como la fuerza de balance en los éteres de donde los seres humanos obtienen su aliento y sustento. Así es cómo, a pesar de ellos mismos, están absorbiendo el Fuego de estos Rayos.

Tú eres consciente de que cuando parece que una persona se está desmayando, muchas veces se ponen sales o amoníaco bajo de su nariz. Esto es lo que está ocurriendo realmente bajo de las narices de la humanidad. Está respirando ahora en esta Presencia Consumidora. (Pídeles a los estudiantes que no discutan este hecho con no-creyentes, pero es vital que ellos lo entiendan de verdad.)

Ahora, hay una cosa en la que quiero insistir con mucha seriedad a los estudiantes. Existen innumerables medios útiles de ayuda para el estudiante serio y genuino, muchos de los cuales son completamente desconocidos para él; sin embargo, será capaz de aprovecharlos si su deseo por la Luz es sincero.

Si nos despreocupamos de todo y nos centramos con alegría y determinación en esa «Poderosa Presencia Única que YO SOY», esto nos proporcionará un perenne flujo de triunfos. Ningún esfuerzo hecho en el Nombre y Presencia que «YO SOY» puede fracasar nunca, pero debe seguirse avanzando de un triunfo a otro, hasta conseguir y poder usar el Cetro de su Dominio Completo.

Mi intención es alentar y afianzar la conciencia progresiva e importante de la Ley del Perdón. La manera adecuada de invocar a la acción la Ley del Perdón es decir: «YO SOY la Ley del Perdón y la Llama Consumidora de toda Acción Inarmoniosa y de Conciencia Humana». Esto pone en movimiento la acción completa.

Al utilizar la afirmación: «llamo la Ley del Perdón», no siempre estamos completando la acción, pues debemos ser conscientes de quién es y dónde está esa inteligencia que autoriza que sea llevada a cabo.

Al mirar a los estudiantes, me doy cuenta de que es fundamental seguir insistiendo en el uso de la Presencia «YO SOY» con frecuencia, porque ya está haciendo cosas importantes para ellos. Mi propio Ser se eleva cuando veo entre los estudiantes, cuya atención se mantiene con determinación en la presencia «YO SOY», cómo se transforman en imanes poderosos de la Luz, y cómo esta se da prisa en envolver a cada uno de ellos, de la misma manera que una madre envuelve a su hijo querido. Si pudiesen ver y darse cuenta de esto por un instante, su determinación crecería en una Llama Conquistadora de la cual no se puede desistir.

El tiempo es oportuno, y Yo te envío a ti y a cada uno de los discípulos una Esfera Consciente de Luz, envolviendo el corazón y el cerebro de cada uno para que pueda recibir de manera continua la Bendición consciente de la Poderosa Presencia «YO SOY». Estoy seguro de que la mayoría de ellos sentirá esto. E independientemente de si lo sienten o no, nada puede interferir con esta acción de bendición.

A aquellos benditos que en ocasiones encuentran perturbación en su hogar, Yo les recomiendo que usen esta afirmación y la sientan plenamente: «YO SOY la Presencia Conquistadora ordenando la Paz, el Amor y la Armonía en mi Hogar y ambiente». Cualquiera que use esta afirmación con certeza podrá tener una atmósfera armoniosa, apacible y amorosa en su hogar. Hay quienes necesitarán actuar con mucho ímpetu para experimentar su acción perenne. Muchas veces obtendrán resultados de manera inmediata. Elaborar esto en la conciencia es reconocer la Presencia «YO SOY» como el Poder Gobernante en sus hogares, porque es naturalmente la Presencia Gobernante. Si los estudiantes y las personas en general que tienen problemas en mantener el Autocontrol se sientan durante cinco minutos en silencio, sintiendo profundamente y pensando para sí mismos: «YO SOY Amante Caridad», encontrarán dentro de sí un sentimiento de alivio.

Para los desmayos: Tú eres consciente de que el individuo nunca se desmaya, únicamente la personalidad hace eso. Si alguien que tiene este hábito toma la posición determinada de que: «YO SOY la Presencia dominante que prohíbe esta tontería y mantengo el control de mi Mente y mi Cuerpo eternamente», lo controlarán por toda la eternidad.

Cuando se empieza a sentir el más leve síntoma, rápidamente se hace conciencia de que: «YO SOY la Presencia dominante y yo Mantengo mi Conciencia aquí». Uno tiene que confiar en que al ordenar la Presencia «YO SOY» se tiene el Control Absoluto del cuerpo. Mientras más se use esto, más rápidamente se hará la manifestación.

Pregunta: Si el Gran Sol Central es el Centro Corazón del Infinito, ¿dónde está eso que es el Centro Cerebro?

Respuesta: «En el estado puro, en el Infinito como en lo Finito, donde no hay imperfección, la actividad del cerebro y del corazón se convierte en UNO, porque la fuerza motriz de toda actividad que sale es AMOR DEL CORAZON. Por lo tanto, en el Estado Puro, el corazón y el cerebro son sinónimos porque el AMOR, la SABIDURÍA y el PODER están contenidos en el AMOR DIVINO.»

La Energía Infinita está siempre presente a la espera de ser usada, pero trabaja en la Vida de una persona solamente bajo el mando Consciente de este. Se llega a un progreso tal que las cosas ocurren de manera tan rápida que parece que son automáticas, pero no es así.

Solo existe un camino hacia la Maestría Autoconsciente, y es el de la Dirección Consciente de la Energía Eterna hacia todo lo que desees. Esto nos lleva ahora hacia otro punto de vital importancia.

El deseo es una acción indirecta de la atención, pero el deseo sostenido por el uso determinado de la atención ocasiona que este se transforme en una manifestación invencible. Esto te dará una pequeña idea de cuán importante es que la dirección consciente vaya unida al deseo. El uso consciente de la Presencia «YO SOY», al igual que el uso dirigido conscientemente de esta Energía hacia un triunfo, debe ser siempre un esfuerzo dichoso. Nunca, y bajo ninguna circunstancia, debe ser percibido como un trabajo o una tensión, porque cuando decretas «YO SOY la Presencia, la Inteligencia, dirigiendo esta Energía hacia un propósito determinado», estás poniendo la Ley en acción de una forma perfecta, fácil, calmada, y no necesitas de ningún esfuerzo tal como el de «halarse los pelos». Por ende, siempre debe ser un proceso lleno de calma, sereno y determinado.

Debe tener claro que el estudiante nunca elige al maestro, sino que es el Maestro quien elige al estudiante, y si este lo entendiese así, los resultados aparecerían más rápido. Para contactar a los Maestros Ascendidos usen: «YO SOY la Presencia preparando el camino y trayendo el contacto visible con los Amados Maestros Ascendidos».

Con el uso de la Presencia «YO SOY», tienes el dominio completo y el control sin límites sobre todas las condiciones que puedan perturbarte. Cuando hablas en la Presencia «YO SOY», estás hablando en la «Presencia que el Ser Ascendido ES». Debes comprender profundamente que cuando dices: «YO SOY» este es el Poder de DIOS actuando en plenitud, y que no conoce derrota alguna.

Capítulo XV

De la grandiosa plenitud de la Luz y de la sustancia omnipresente de Dios sale la abundancia de todo lo que conocemos.

El discípulo que es lo suficientemente fuerte y firme para mantenerse solo con su «Poderosa Presencia YO SOY», que jamás divide la Presencia y el Poder de Dios ni durante un solo momento, se encontrará avanzando constantemente hacia esa Poderosa Perfección, por siempre libre de todo sentido o reconocimiento de cualquier limitación.

El estudiante que puede permanecer indiviso dentro de esta Poderosa Presencia tiene mucha suerte. Para beneficio de algunos de los estudiantes que son muy sinceros y, no obstante, están dejando, sin darse cuenta, que su atención se aleje de esta Presencia íntegra, deseo mencionar algunos hechos sin ninguna intención de interferir en el libre albedrío del individuo. Los documentos que citaré están en nuestra posesión y abarcan estos últimos cien años.

Quiero hablarte hoy sobre el engaño de la astrología.

Ningún ser viviente debe prestar atención a la astrología y, simultáneamente, entrar en la presencia del «YO SOY» y permanecer ahí. Por debajo del uso presente de la astrología está el deseo humano y la oportunidad de justificar y gratificar los deseos del exterior. Déjame presentarte un hecho horrible que está en nuestros archivos: «No hay ninguna cosa o fase de estudio que haya causado más fracaso y más crímenes indirectos que el engaño presente de la astrología».

En épocas recientes hubo en la ciudad de Chicago en la que un discípulo espléndido de Metafísica que, aceptando conscientemente el engaño de su horóscopo, fue impulsado a quitarse la vida.

Lo que la humanidad necesita, y sobre todo los estudiantes, es la roca sólida y la conciencia de la Poderosa Presencia «YO SOY» sobre la cual nos mantenemos a salvo y libre de los abismos que constituyen las maquinaciones exteriores. Los estudiantes no necesitan, en ninguna circunstancia, saber los decretos negativos de una muerte futura o la llamada fuerza de la mala estrella del destino; únicamente deben dar crédito a la «Invencible presencia YO SOY que impregna todo», la cual es la única y toda la Vida de tu Ser, hacia donde tu atención necesita ser encaminada y mantenida con firmeza.

En la Presencia «YO SOY» no existe altura alguna que el estudiante no pueda alcanzar, pero si distrae su atención con la astrología, numerología y las muchas «logias» de la actualidad, no habrá abismo en el que no caiga.

El uso actual de la astrología no se parece en nada al uso que se le daba siglos atrás. En ese entonces no transmitía declaraciones negativas de ningún tipo. El gran daño de la atención centrada en ella es que los discípulos aceptan las declaraciones negativas mucho más de lo que ellos quisieran admitir. La fuerza siniestra negativa creada por la humanidad en el mundo siempre utiliza cosas como estas para obtener y mantener la atención, especialmente la del estudiante que está avanzando en su camino, y, así llevarlo hacia lo que lo tira hacia abajo en vez de ascenderlo.

Cuando hay un horóscopo que vaticina la muerte de alguien, varias mentes se centran en esa idea y, de forma indirecta, se comete un verdadero crimen, tan sutil que las personas se horrorizarían si se les demuestra que ellos tomaron parte en él, pero así ha sido, ciertamente.

Si por un día fueses capaz de ver, desde el Gran Punto de Vista Interno, la fuerza destructiva generada y usada a través del uso actual de la astrología, huirías de esta como de una serpiente venenosa que espera atacarte para introducir la muerte en tus venas.

Te digo, querido estudiante, en el nombre de tu Luz y Progreso y de Todo Progreso, que te mantengas dentro de tu propia Poderosa Presencia «YO SOY». No permitas que tu atención sea captada o dividida por nada de lo exterior, si deseas evitar la rueda de la encarnación indefinidamente.

Del GRAN AMOR de mi corazón, viendo y sabiendo desde el Punto de Vista Interno, lo cual tú no puedes hacer todavía—, Yo te reitero que evites todo lo que tenga sabor a una expresión o condición negativa. Entonces te elevarás en las Alas de tu Poderosa Presencia «YO SOY» a la Libertad y Bendición Eterna de la Luz Perfecta, Eterna e Ilimitada.

Como ya dije anteriormente, no deseo de ninguna manera interferir en tu libre albedrío, pero las puertas de la Libertad Eterna están abiertas ante ti si crees en la verdad que te he manifestado, que te ayudará a entrar por esas puertas y recibir la Bendición Eterna de la Luz, que te está esperando para envolverte.

Cuando existan condiciones en tu Vida, hogar o entorno de las cuales te quieras deshacer, ordena, a través de la Presencia «YO SOY», que sean disueltas y consumidas ante su Poderosa Luz y Poder.

Querido estudiante que te encuentras bajo esta radiación: no volveremos a tratar este punto nuevamente, que la Presencia «YO SOY» dentro de ti te dé la habilidad de ver la Luz y la Verdad de lo que te he manifestado. He visto en tu interior la Luz Gloriosa que puede ser acelerada a una Radiación Deslumbrante, que te permitirá expresar la Perfección. Por tanto, te he brindado mi humilde asistencia por mi propia voluntad, pero si la personalidad insiste en dejar que la atención se centre en otra cosa que no sea la «Poderosa Presencia "YO SOY"», que Yo sé que es la más Poderosa y la sola Presencia Elevadora y capaz de resolver todos los problemas, entonces mis humildes esfuerzos habrán sido inútiles. Yo te aseguro, querido mío, que has llegado a un punto en el que tienes que ir para arriba o para abajo. Con tu atención determinada y reconocimiento sostenidos constantemente en la Poderosa Presencia «YO SOY» , no hay condición, fuerza o Presencia en la tierra o en el cielo que pueda obstaculizar el logro maravilloso y glorioso de la Libertad eterna y la Perfección.

Si no encuentras dentro de ti eso que causa el sentir y que te habla sobre el Gran Amor Divino que me da las capacidades para manifestarte esta Verdad para tu protección, entonces debemos esperar hasta que la Verdad de Ello se encuentre dentro de ti.

Cuando los estudiantes e individuos han entendido y reconocido la Poderosa Presencia «YO SOY», y posteriormente dejan que su atención sea desviada o puesta en cosas exteriores, ya sea esto consciente o inconsciente, lo cual tiene poca diferencia, estarán dando la espalda de forma deliberada a la «Presencia» que es la Fuente de su Ser y Vida dentro de ellos. Yo manifiesto con todo el Amor de mi Ser que: «YO SOY la Presencia» que per permite ver y sentir esta Verdad y sostenerse junto y dentro de Ella, por amor a tu maravilloso avance propio.

Quienes se mantengan firmes y lo suficientemente convencidos de esa poderosa Presencia, encontrarán abundantes pruebas que vendrán a sus vidas por medio de su Poder e Inteligencia Ilimitada.

¡Querido estudiante!, muchas manos de la Hueste Ascendida se extienden hacia ti para asistirte en cuanto puedas mantener tu atención indivisa en la «Presencia Activa de Dios en ti» y te resistas con firmeza a la influencia de toda apariencia exterior.

«La Verdad es Poderosa y Prevalece». Siente Su Presencia Majestuosa siempre. Es una equivocación que el estudiante se desilusione porque cierta cosa en la cual ha trabajado no se manifiesta de manera instantánea, cuando todavía él no ha generado el Gran Poder y la actividad suficiente para producirlo de esta manera. La atención siempre tiene que estar en el «YO SOY», no en nada más.

Supongamos que Yo decretase: «YO SOY la Poderosa Presencia, YO SOY en Acción», y luego, una hora después, permitiera que mi atención se centrase en un horóscopo con intenciones negativas o en una condición externa que señala alguna clase de desastre. ¿No ves cómo eso anularía el decreto, que desencadena el Poder de Libertad, previamente hecho por mí?

Jesús dijo: «No se puede servir a dos Maestros». Esto significa que no puedes dividir tu atención —porque debes pausar, mirar y escuchar—. Yo te digo: Tú no puedes avanzar si le otorgas poder a otra cosa que no sea tu Poderosa presencia «YO SOY». Lamentablemente, lo que ocurre con muchos discípulos es que no se aferran con suficiente firmeza a la Poderosa Verdad de su Ser el tiempo necesario para ganar el impulso y la fuerza que requieren para mantenerse inmóviles ante el tirón de la sugestión y la apariencia externas.

Lo raro para mí es que cuando la atención del estudiante ha sido entregada al Poder Todopoderoso de la Presencia «YO SOY», que es el Único Principio Activo de Vida que tiene Dios en Acción dentro y alrededor de él, no es capaz de ver que cuando su atención se centra en las cosas externas está dividiendo el poder y retardando la actividad maravillosa y la realización, que de ser de otra manera, la Presencia «YO SOY» ejecutaría. Habiendo vivido lo mismo, tenemos la paciencia suficiente para esperar hasta que el Querido Estudiante pueda empuñar su Cetro del Dominio de esta Poderosa Presencia «YO SOY», y sostenerlo.

Puedo enseñarte otros documentos de las cosas más aterradoras, de los crímenes que día a día han sido cometidos mediante la sugestión de la astrología. La sugestión dada pone la Ley en acción para cumplirla. Cuando tu atención se enfoca en algo, le pones instantáneamente el poder dentro de ti. Si los astrólogos no paran de insinuar el pensamiento de muerte sobre Fulana de Tal, por ejemplo, ella indudablemente morirá. Esto es un crimen. Fulana es un hijo de Dios, y tiene derecho a vivir aquí todo el tiempo que se le haya dado. Hay crímenes mucho peores que el asesinato físico, que no tienen ni punto de comparación, porque son cometidos de manera deliberada por gente que sabe lo que está haciendo. Hay una acción certera, infalible de la Ley, y es que aquellos que hacen cosas deben pagar la penalidad de una experiencia parecida.

Ante las sugestiones negativas de otro, repite: «YO SOY la Presencia anulando todo esto para que no pueda afectar ni a mí ni a mi hogar o mundo».

Alejar conscientemente algo que ha sido dicho en tu presencia es la cosa más sencilla del mundo. Simplemente repite: «YO SOY la Única Presencia actuando aquí».

Ante cualquier cosa que no desees continuar, repite: «A través de la Presencia que YO SOY esta cosa cesará ahora y para siempre». Actúa como si estuviese a punto de chocar contra una pared para derribarla. Cuando realmente sientes y estás decidido a hacer algo, liberas el poder capaz de hacerlo. Busca siempre ser consciente del Poder Ilimitado a tu servicio.

En la vista y el oído está el sentimiento, porque somos capaces de oír y ver sin necesidad de usar las facultades ni de la vista ni del oído.

Cuando alguien entra en un estado de ira, de forma inmediata agujerea otras esferas de esa misma claridad y una acumulación de la misma especie se filtra de manera vertiginosa. Los celos son el canal abierto mediante el cual se precipitan toda clase de acciones destructivas. Las cosas que se hacen conscientemente tienen mucho más poder. Una vez que la energía es liberada, entra en acción porque el individuo la ha puesto en movimiento y no percibe diferencia entre el rey y el limpiabotas.

Cuando los sentimientos son exaltados, están aceptando ese momento. Puedes sentarte a escuchar una conversación destructiva sin que te afecte, mientras seas capaz de controlar el sentimiento en el plexo solar. Ninguna cosa puede entrar en tu mundo mientras tú no la invites.

Nada bueno ha salido nunca del juego. Hay una señora que, en un momento, tuvo un maravilloso poder e influencia en torno a ella; entonces empezó a jugar, y no solamente perdió su poder, sino todo su dinero junto a él. ¿No es mejor mantenerse en la Presencia «YO SOY» que en un canal de juego? Cualquier cosa que atrae tu atención es una actividad leve de lo exterior para robarte tu libertad.

Si deseas tener libertad financiera, repite: «YO SOY las Riquezas de Dios fluyendo a mis manos y uso, que nada puede detener».

Di con frecuencia: «La Presencia YO SOY gobierna todo canal existente en manifestación. Lo gobierna todo».

Esto es lo que vivió un estudiante: Este estudiante había oído y visto una explosión de Luz, mientras su cuerpo físico estaba dormido. Si hubiese dicho conscientemente, cuando oyó la explosión: «Absorbo en mi mente y mi cuerpo la fuerza de la explosión de Luz», habría obtenido sus beneficios. En tales circunstancias, lo importante es que el estudiante esté alerta para que en toda manifestación esté consciente de la absorción de su Poder. Alégrate de que el Poderoso poder de la Presencia «YO SOY» en acción te dé Su Fuerza y Poder.

Debes ordenar a la memoria externa que retenga y traiga a la conciencia todo lo que desees saber. Cuando usas la Presencia «YO SOY» has puesto la Ley en movimiento y no puede fracasar.

Dios actúa únicamente a través de la conciencia de los individuos; si fuese de otra manera, Él no los tendría aquí. Dios puede actuar en el mundo físico solamente a través de sus individualizaciones, y hasta toda la naturaleza está dominada por la Inteligencia Individual: el suelo, las plantas, todo lo que conocemos.

Toda la fuerza y la energía que se necesitan para alcanzar un objetivo dado está omnipresente, cuando es liberada por la Presencia «YO SOY». Por ende, mediante el uso de la Presencia «YO SOY» puedes liberar poder del cual todavía no tienes concepción alguna.

Durante la guerra del 1914 al 1918, cuando Foch manifestó: «¡No pasarán!», él liberó el poder por el cual su decreto se cumplió. Había estado rezando por más de una hora, y cuando salió estaba tan lleno de esa energía que, en el momento en que expresó la orden, esta se convirtió en la Presencia Gobernante, en la condición atmosférica en torno a él y Dios actuó. Las palabras «¡No pasarán!» constituyen un decreto. Este es dinámico, poderoso, real y manifiesta su poder tremendo. Únicamente hay Un Poder que actúa. Debemos darle libertad plena de acción.

Sé consciente de Él y deja que Él actúe. Mantente en Él y con Él. No hay ningún otro poder capaz de actuar. Avanza de manera constante, como un glaciar que baja de la montaña. Tú te diriges hacia adelante con firmeza, y estás ganando un ímpetu al que nada puede resistírsele. Es un impulso, un poder y medio de realización infalible de todas las cosas deseables. Este es el único camino para el dominio perenne.

Para limpieza, usa con frecuencia: «YO SOY la Presencia aquí que mantiene mi ropa y hogar inmaculado». Pasado un tiempo, la fuerza se torna tan poderosa que consume o repele instantáneamente cualquier cosa no deseada. Cuanto más conscientemente actúes en una cosa, más concentrada se vuelve esta.

Cada vez que dices: «La presencia que YO SOY carga esta cosa con Poder, Energía Amor, etc.», puedes cargar el agua con tal poder que esta hervirá con el poder de la energía acumulada allí. No permitas que nada cuestione en tu mente sí la orden funcionó o no.

Cada vez que ordenes, di: «Yo sé que está actuando con todo Poder».

Debes saber:

«Lo que "YO SOY" significa».

«Lo que "YO SOY" es para ustedes».

«Lo que "YO SOY" es para ti».

«Lo que con "YO SOY" puedes hacer».

Internaliza esto y sostente firmemente, con una determinación inflexible.

Dentro de ti está la fuerza y el poder para hacer esto, y si te sostienes en esta Poderosa Presencia «YO SOY», recibirás grandes ayudas.

Capítulo XVI
Día de acción de gracias
Rayo personal de Jesús
y otros rayos creados

La actividad primordial es la de los Rayos divididos saliendo a la individualización, a la expresión visible. Cuando hablo de la expresión individual o visible, uso ese término para referirme a la actividad física, no es que esta no sea siempre visible, porque lo es; pero para aquellos en la forma física, me refiero a ello como visibilidad.

Así, pues, verás la naturaleza de tu Ser como Rayo de Luz que eres, como la Cualidad Natural de la Vida que tanto anhelas. Se acerca rápidamente el momento en el cual muchos, muchísimos estudiantes comenzarán a usar los Rayos de Luz de los cuales forman parte, especialmente el Rayo de la Visión y de la Luz.

Hasta en el mundo físico actual se están descubriendo características y usos de estos rayos. Estas son actividades que, aunque extrañas para la actividad visible, son naturales para la Presencia Interna.

Es cierto que es rudimentario el uso de estos Rayos en el presente, pero se requiere únicamente otro paso para llevarlos a través del velo.

El poder de la Presencia e inteligencia «YO SOY» para usar estos Rayos será siempre infinitamente más poderoso que cualquier plan mecánico en el cual están siendo empleados. No obstante, para el estudiante que aún no ha descubierto la habilidad para usar estos rayos, la experiencia del científico será un estímulo maravilloso para descubrir la maravillosa habilidad que tiene el individuo para usarlos.

Es muy importante tener en cuenta que hay Rayos Naturales que entran a través de la atmósfera o cinturón etérico dentro de la atmósfera de la tierra. Al decir naturales, me refiero a los Rayos proyectados por la Divinidad o Gran Sol Central, que en años recientes han sido hechos permanentes.

Después están los Rayos Creados, que fueron creados

y proyectados por la Hueste Ascendida, por aquellos que han ascendido en cuerpo. Estos son los más potentes de todos los Rayos, porque son manipulados de manera consciente.

Los Rayos que los científicos están contactando son los Rayos Naturales, que tienen una cierta potencia natural.

Resulta sumamente necesaria, como ha sido expuesto en la «Presencia Mágica», la preparación de estudiantes ansiosos, que pueden ser elevados e instruidos sobre el uso de estos rayos. Entre ustedes hay los que son capaces de hacer esto, y como están preparados con una constancia determinada a la Luz, más y más de la Ley les será revelado en lo referente al uso de estas potentes fuerzas.

Siento una gran alegría ante las posibilidades que tienes tú y otros estudiantes. Confío en que encontrarás dentro de ti mismo esa fuerza y determinación permanentes para asirte fuertemente al trabajo externo e interno que se está gestando para ti, con un sentimiento alegre de seguridad en los poderes ilimitados que la verdadera libertad conlleva.

Poco a poco he intentado darte una palabra de aliento y, a través de esto, envolverte en la radiación de fuerza que es audaz e intrépida en la Luz. La amorosa y dichosa quietud en la actitud de los estudiantes es inmensamente alentadora, porque la actitud de los estudiantes es maravillosamente alentadora, pues la actitud expectante es la actitud correcta que deben mantener siempre.

Yo recomiendo que aquellos que están teniendo vivencias desagradables retiren de manera consciente todo poder que han otorgado a estas condiciones sin darse cuenta. Cuando es necesario discutir alguna condición para entenderla, inmediatamente retiren inmediatamente cualquier poder que les ha sido dado y después sepan que: «YO SOY la Presencia Armoniosa que prevalece siempre por encima de cualquier cosa que la condición sea».

Repetiré una vez más algo que he insinuado antes, pero que únicamente ha sido absorbido de manera parcial: «Cualquiera, especialmente el estudiante, que ha experimentado inarmonía o limitación en su mente, hogar o mundo, puede con un esfuerzo persistente y sin tensión —agarrándose con determinación al decreto siguiente— mantener su hogar libre de cualquier cosa indeseable: YO SOY la Presencia gobernante dirigiendo en perfecto Orden Divino, comandando la Armonía, la Felicidad y la Presencia de la opulencia de Dios en mi mente, mi hogar y mi mundo».

Cuando manifiesto: «YO SOY la Presencia gobernante», tengo la absoluta certeza consciente de que he puesto en acción todo el Poder y la Inteligencia de Dios para producir las condiciones que deseo, y que estas serán autosostenidas.

Me da la impresión de que no has entendido claramente que cuando empleas la expresión: «YO SOY la Presencia en mi mente, hogar y mundo», no solamente estás invocando la Presencia Conquistadora de esta actividad a través de tu propia conciencia, sino que también estás invocando la asistencia de la presencia de Dios o «YO SOY» en el hogar y entorno de aquel que lo contacte.

Es de vital importancia que el estudiante comprenda esto. No te desilusiones si no ves la manifestación inmediata de esta armonía que pides, sigue sintiendo la Presencia Conquistadora «YO SOY». ¿No ves que cuando estás en esta Conciencia solamente la Presencia de la cual eres consciente actúa? Toda otra actividad de lo externo, que no es deseable, es únicamente una actividad distorsionada de esta Magna Energía. Por ende, cuando manifiestes: «YO SOY la Presencia Conquistadora, yo ordeno a esta Presencia YO SOY que gobierne perfectamente mi mente, hogar, asuntos y mundo» has arrojado el Decreto más grande que se puede hacer, y tienes solamente que sentir el poder sostenedor de esto cuando te enfrentes a cualquier circunstancia. Así encontrarás la Perfección manifestada en tu mente, hogar y mundo. Yo deseo que leas cada día esta parte especial para que tengas siempre ante ti la Verdad Poderosa que sustenta estas.

Ahora hemos llegado ante un punto vital: el del Rayo o Rayos Personales enviados por Jesús directamente. Muchos se cuestionarán: ¿Por qué Jesús es especial? A

lo que yo respondo: Porque la humanidad ha sido ense-
ñada a que centre su atención en la presencia de Jesús el
Cristo, y muy pocos tienen el conocimiento de la Hueste
Ascendida de los Grandes Maestros de la Gran Hermandad Blanca, que manejan el poder sin límites.

Tú serás poseedor del Rayo Personal de Jesús el Cristo
durante las próximas siete semanas. Aquellos que puedan
alejar de sí cualquier pensamiento de otras personalidades y de brazos abiertos, hablando mentalmente, reciban
estos Rayos dentro de la mente, hogar y mundo de cada
uno, podrán alcanzar casi cualquier cosa posible.

Te puedo asegurar que la idea de estos Rayos Personales de Jesús el Cristo no algo imaginario, y tú, nuestro
Querido Mensajero, tienes las gracias personales de Jesús
el Cristo, por tu posición osada y el uso de la Presencia
Ascendida de Jesús-Cristo.

Así como el Mensajero da riquezas y sabiduría y verdad, así deben los estudiantes, en su amante sinceridad
al Maestro y a través de la Presencia «YO SOY», trabajar por la salud y prosperidad de los Mensajeros. Esto le
abrirá puertas al estudiante que de otra manera no sería
capaz de abrir.

Hay señales de que algunos recibirán próximamente
revelaciones sobre cierto uso de Luz líquida. Sugiero que
centres la atención en esto para que, si estás preparado,
puedas recibirlas. Permíteme decirte que tu actitud correcta es de regocijarte siempre del avance de tu hermano
o hermana, porque cada individuo recibe eso que necesita más en un momento determinado, y si uno recibe
una cosa, otro puede recibir otra. Por ende, nunca debes
sentir que tienes que recibir la misma cosa que otra persona ha recibido (me refiero en cuanto a revelación). Dado
que no hay dos personas iguales o en el mismo grado de
avance, puedes entender que cada persona no puede recibir la misma cosa al mismo tiempo que otra.

La mejor actitud posible para el estudiante es la de bendecir de manera continua y alegrarse de cualquier revelación que sea dada a su compañero, manteniendo así la
puerta abierta siempre a esa Gloriosa Presencia Interna.

Las llamadas "mentes prácticas" sienten que no existe nada real a excepción de lo que puedan sentir y palpar, pero no se puede de ninguna manera recibir nada de gran magnitud de su Presencia Interna Poderosa a menos que uno crea en los Poderes y Leyes Ilimitados de la Inteligencia de Dios Individualizada.

La mente práctica que siempre alberga dudas de las cosas que no puede ver tiene que transitar todavía un largo camino, a menos que corte las dudas de la misma manera como se podan las ramas indeseables de un árbol. Tú sabes que es una buena idea, después que estas ramas han sido podadas, que se consuman en la llama Consumidora, para que no vuelva otra vez. Parece difícil que el estudiante se dé cuenta del gran poder que es la conciencia de esta Presencia Consumidora. Para algunos resulta complicado alejar de su pensamiento que es imaginaria, pero si la pudiesen ver desde una perspectiva interna, verían que Ella tiene una Presencia y Poder Poderosos y son muy reales.

Mi deseo es que durante dos minutos sientas este Rayo Deslumbrante de Luz adentrándose en cada átomo de tu Ser.

Hay algunas actividades que deben ser contactadas por la Presencia Interna antes que la atención exterior se pose en ellas. Esto es difícil de entender para el discípulo. El estudiante tiene primero que penetrar, y solamente puede penetrar mediante su Presencia Interna.

Una cosa muy sencilla, pero maravillosa, es la de bendecir cada noche y mañana a esa Presencia Magnífica de Vida que da ánimos a la mente y el cuerpo. Es una cosa tremenda el sentir plenamente esta acción de gracias por la Presencia de la vida, que contiene dentro de Ella misma todas las cosas. Únicamente tienes que dar gracias a la Vida por todo lo que Ella es y contiene. La misma Presencia de la Vida nos da la capacidad para hacer las cosas de las cuales somos conscientes y deseamos hacer, porque no podemos movernos sin esta Presencia, no podemos ni pensar sin ella. Si uno tomase este decreto: «YO SOY la Presencia pensando a través de esta mente y este cuerpo», recibiría grandes ideas.

El cerebro es el primer lugar donde la obstrucción comienza a registrarse, porque es el punto de contacto con ideas falsas, las cuales se registran rápida e intensamente en su estructura, pues es el campo de la actividad atómica. No obstante, la atención mantenida en la Presencia «YO SOY» libera el Poder de la Perfección que está dentro del electrón en el centro del átomo de tal manera que las falsas ideas y la obstrucción a la Luz se disuelven rápidamente y desaparecen.

Pregunta: ¿A dónde vas?

Respuesta (Saint Germain): A la Ciudad Dorada.

«Desde ahora hasta dentro de tres semanas, después de Año Nuevo, es tiempo de gran regocijo en la Ciudad Dorada porque da una gran oportunidad para transmitir al mundo físico, a través de la Luz y de los Rayos del Sonido, su propia Radiación Poderosa. Si la humanidad comprendiese este hecho, cosas maravillosas pudieran ocurrir, pero eso no impide que los individuos que lo puedan captar reciban su beneficio extraordinario».

Si los estudiantes lo entendiesen y lo aplicasen, el alejar por completo la mente de cada personalidad es la cosa más sencilla. Únicamente tienen que saber: «YO SOY la Única Presencia allí». Esto abrirá las puertas, ¡oh, tan anchas!

El Amor y la Invocación a un Ser Ascendido capacitan para que la radiación sea dada, y no es posible que ocurra de otra manera.

Uno no puede obstaculizar por mucho tiempo el progreso o crecimiento de otra persona. Porque si el que obstruye no suelta y relaja su influencia sobre el otro, que está listo avanzar, el que obstruye será desplazado por su propia acción. Si uno sigue asiéndose constante y sinceramente a la Luz, las personalidades serán barridas o desconectadas armoniosamente del mundo de la persona.

En este estado de crecimiento es pertinente saber: «YO SOY la Presencia Activa de todos los canales de distribución de todas las cosas actuando para bien mío». Cuando el pensamiento viene de que: «Esto es todo lo que tengo», córtalo de raíz y repite: «YO SOY la Opulencia de Dios en mis manos y uso hoy».

Esto debe ser sostenido como un Silencio Sagrado dentro de cada persona. Adopta esto como una sabiduría sagrada y reverente para ser usada. Cuando tomes del propio «YO SOY», es imposible que tomes nada que justificadamente pertenezca a cualquier personalidad.

Tú estás manifestando para tu mundo, así que no lo puedes tomar de nadie más cuando sabe su propia Ley: «YO SOY la Presencia actuando en todas partes». No hay posibilidad de división de la Presencia «YO SOY».

Si te ves necesitado de dinero, repite: «YO SOY la presencia Activa, trayendo este dinero a mis manos y uso instantáneamente». Es muy valioso separarse de la importancia del dinero. Este es únicamente un medio de intercambio. No le des poder: centra todo tu poder otra vez en Dios y después, cuando ordenes, sin importar lo que sea, tendrás todo el poder instantáneamente a la mano para atraer el cumplimiento del decreto.

La vibración dentro de cualquier elemento es siempre el Aliento de Dios, autosostenido por toda la eternidad. Todo impulso es el aliento de Dios. La conciencia simple de que: «YO SOY la Presencia de la salud perfecta» es este aliento de Dios en acción.

«YO SOY la Presencia del perdón en la mente y el corazón de cada uno de los hijos de Dios», de lo que emana una acción vibratoria enorme. Sostén lo siguiente con intensidad: «YO SOY la Mente Pura de Dios».

Capítulo **XVII**

Cuando te sientas lo suficientemente fuerte para soportarlo, nosotros te enseñaremos en forma descriptiva una de las más estupendas expresiones del uso correcto e incorrecto de esta «Poderosa Presencia YO SOY».

Esta vivencia real sucedió en lo que son ahora las montañas de los Andes, en América del Sur, hace mucho tiempo, cuando los hijos de Dios empezaron a olvidar, por primera vez, su origen y comenzaron a reclamar la Energía Poderosa de la cual ellos estaban conscientes como cosa suya.

Los estudiantes y la humanidad tienen solamente un pobre concepto, hasta en la angustia que ellos se han creado, de cuán poderosamente fue usada esta fuerza en otros tiempos para motivos egoístas. No se ha conocido nunca una condición anterior similar. Todavía quedan vestigios de la ciudad subterránea que describiremos, y en la cual ocurrió lo que voy a contar.

¡Oh, que los hijos de Dios despertasen a la actividad estupenda del uso de los Poderes de la Luz para el beneficio de la humanidad, cuando su atención esté centrada sinceramente en Esa Luz!

Si los muchos estudiantes de los varios ángulos de la Verdad en la Tierra pudiesen en la actualidad alejar la ignorancia de la mente externa y creer en los milagros aparentes de todos los tiempos, se rompería el cascarón del Yo exterior y dejaría entrar la Luz. La fe de creer en las cosas que no podemos ver es uno de los medios más importantes para abrir la puerta a la actividad consciente de la «Luz de la Presencia YO SOY».

Así como usas el automóvil y el aeroplano para cubrir las distancias rápidamente, de la misma manera la «Gran Presencia «YO SOY» usa el cuerpo. El cuerpo representa el avión, y la mente su motor poderoso, a través de la cual la «Presencia YO SOY» lo impulsa.

Yo estoy seguro de que los estudiantes no han entendido todavía la forma sutil que adopta la duda. Un cuestionamiento en la mente, a sabiendas o no, concerniente al Todopoderoso de la «Presencia YO SOY», es una forma sutil de duda. Aquellos que quieren o tratan de discutir la cuestión de la realidad de la Gran Verdad de la Vida, lo crean o no, están dando espacio a la duda en sus vidas.

Actualmente, ninguna mente racional y sincera, una vez que haya dado vuelta a su atención y la haya fijado con firmeza en la «Presencia YO SOY», puede discutir, dudar o interrogar la Omnipotencia de esa Presencia «YO SOY».

La duda, escasamente reconocible, que permite que entren en la mente argumentos referentes al Origen de su Ser, es únicamente una carencia de fortaleza para elevarse en contra de la Ley de la Resistencia, fortaleza por medio de la cual se mide el crecimiento de lo exterior.

Existe una diferencia muy grande entre un razonamiento genuino para conocer la Verdad y la tendencia del hombre a discutir en contra de la misma realidad que ellos quieren creer. Siempre damos la bienvenida, muy seriamente, a la interrogación genuina de la Verdad, pero no tendremos nada que ver con aquella naturaleza cuya tendencia predominante es la de discutir contra la Realidad de la Verdad. Mientras más se admita la discusión de la Verdad en la Vida de una persona, más grande será la barrera que este construya para después tener que derribarla ese día distante en el que se vea obligado a superarla para poder avanzar.

Aquellos que critican, condenan o se sientan a juzgar este canal de expresión de la Verdad se darán cuenta de que están de pie al borde de un precipicio, al cual caerán en cualquier momento, de forma inevitable, sin otra causa que la de su propia creación.

Espero que todos entiendan que este resplandor de la Luz ha sido establecido con cierto objetivo definido, y seguirá haciendo su trabajo, prescindiendo de cualquier personalidad o de todas las personalidades en existencia. Digo esto de forma transparente para que los estudiantes de esta radiación entiendan que están tratando con fuerzas Poderosas, que son tan reales como la misma realidad es. Aquellos que no puedan pasar este examen y soportar el brillo de la Luz, no necesitan culpar nunca a nadie más que a ellos mismos, porque tienen libre albedrío y se les ha concedido el uso de la «Poderosa Presencia YO SOY», a través de la cual pueden mantener el Autocontrol absoluto.

Veo necesario aclarar otra vez que cuando seas lo suficientemente incauto para intentar discutir la Verdad Sagrada que se te está dando para tu propia libertad y beneficio, con aquellos que no saben nada acerca de ella, estás metiéndote en las aguas profundas de duda y cuestionamientos inútiles. Solamente puedo decirte que, en el pasado, a los estudiantes que eran llevados a los retiros para instrucción no se les permitió ni nunca se les ocurrió discutir la Verdad entre ellos. Ellos aplicaron silenciosa y seriamente la instrucción que recibieron de su Maestro, y alcanzaron seguros los resultados que deseaban.

Mejor sería que los estudiantes fuesen apedreados en las calles, en vez de condenar, criticar o juzgar la Luz que se les da: porque si entrasen en la «Presencia YO SOY», como han sido instruidos, cada cuestionamiento, cada problema en sus vidas desaparecería como la niebla ante el resplandor de la luz solar de las mañanas.

Sé con certeza que todos estos estudiantes son los suficientemente fuertes para oír la verdad y usar la Fuerza de la «Presencia YO SOY», para dominar y controlar lo externo, con el objetivo de recibir la Presencia completa, el Amor, Sabiduría, Poder y Opulencia de la Gran y Todopoderosa «Presencia YO SOY», que los capacita para pensar, sentir y vivir y que les ha dado el deseo de alcanzar la Verdad, la Luz.

Quiero decir abiertamente y con la Vara de Fuego puesta en la conciencia de los estudiantes que su hermano y hermana, que les están enseñando esto, son únicamente mensajeros de aquellos que han conocido y probado esta Ley durante muchos siglos. Estos Grandes Seres, en quienes tu atención se ha centrado, no son un mito ni un invento de la imaginación de lo externo. Son seres amorosos, vivos y sabios, que tienen el Poder que Ellos pueden encaminar o usar bajo su propia discreción, cosa que es imposible de concebir por la mente del hombre.

Antiguamente, el estudiante siempre había tenido un

tiempo casi infinito para decidirse entre actuar en la Luz o si quería seguir viviendo en la ignorancia de su Presencia y Poder Poderosos. Los ciclos cósmicos han cambiado muchas veces, y ha llegado el momento en el que los hijos de Dios tienen que tomar su decisión final, es decir, decidir a quién servir.

Es la primera vez en la historia del mundo en que se han dado tantas oportunidades o ayuda a los hijos de la tierra para que reconozcan el «Esplendor del Sol de la Luz Eterna de Dios», y caminen directamente y sin miedo dentro de Su Esplendor Radiante, libres, por siempre libres de toda limitación, habitando la abundancia de esa Luz, envolviéndolos como un manto de calma y descanso.

Querido estudiante, una vez más te repito: Si no puedes sentir en tu corazón la Verdad de estas instrucciones ofrecidas a ti en una fuente de oro, entonces nunca, en el nombre de tu «Presencia YO SOY» digas o hagas algo que descorazone a otro acerca de la Luz que pueda recibir. En la plenitud de Gran Amor de mi Ser, te doy la Verdad llana y genuina, y que su Esplendor cause la comprensión y el saber que significan el Osar, Hacer y Callar.

Cualquier duda que pueda existir en tu mente sobre la realidad o autenticidad de la fuente de tu educación únicamente obstaculiza tu progreso, y produce que tardes meses o años en conseguir lo que puedes hacer fácilmente en unas pocas semanas con una mente libre y en paz.

Como uno que te ha escogido, yo sé y siento cada uno de tus pensamientos. Es muy fácil que el estudiante piense a veces que sus acciones o pensamientos están ocultos y son desconocidos, pero para la Hueste Ascendida no hay ningún acto o pensamiento que pueda ser escondido de ellos, porque todo lo que tú piensas o sientes se registra en el mundo etérico a tu alrededor de una forma tan natural como la nariz en tu cara.

Con esto quiero decir que nunca cometas el error de sentir que puedes pensar o actuar en secreto. Puedes muy fácilmente esconder algo del Yo externo, pero nunca de la Presencia «YO SOY» que la Hueste Ascendida es sin obstrucción alguna. Esto, mi amado estudiante, es lo máximo que te puedo decir para ayudarte a que estés siempre alerta. De aquí en adelante no se hará ninguna referencia adicional sobre esto. Recuerda que la decisión queda dentro de ti si quieres o no seguir avanzar y seguir adelante.

Pero ahora te diré algo muy alentador. La única razón posible por la cual el Rayo Personal de Jesús pudo darse a aquellos bajo esta radiación en aquel tiempo fue porque siete de este grupo de estudiantes fueron testigos de la Ascensión de Jesús el Cristo, hace dos mil años. Él los vio y los reconoció en ese entonces como Él los ve ahora, y no solamente está dando reconocimiento ahora, sino también asistencia.

De la misma manera que este esplendor llega a ustedes, queridos míos, llega a los corazones de aquellos que pueden recibir la Presencia. Por esta Radiación muchos que tienen un Amor profundo por Jesús o de Jesús a través de los canales ortodoxos serán despertados a la Presencia de Dios dentro de ellos. más allá de esto, la actividad conjunta de Jesús con la Hueste Ascendida despliega su manto de Amor, Paz y Luz sobre los hombres, siendo este el momento del año cuando la atención general es ganada con más facilidad.

¡Querido mío! Te resultará increíble cuando afirmo que los Maestros de Luz y Sabiduría tienen pasajes a través de la tierra en todas direcciones, de la misma manera que tú en la tierra tienes autopistas para ir de costa a costa en tu automóvil.

Si entendieras la estructura atómica de la tierra, no sentirías que esto es algo tan descabellado, porque aquellos grandes que han asistido al progreso de la humanidad desde el comienzo tienen que hacer uso únicamente de ciertos Rayos para caminar a través de la tierra de manera tan sencilla como tú caminarías a través del agua; diferente, no obstante, en que ellos dejan la apertura detrás de ellos, mientras que tú, cuando caminas a través del agua, esta se cierra detrás de ti y el camino desaparece.

Ocurre lo mismo con los Grandes Seres que han hecho brillar los caminos para la humanidad hacia la Luz. El sendero queda para que los niños menos iluminados lo puedan encontrar siempre y seguirlo. Si en algún momento ellos se equivocan y se desvían al camino incorrecto, tienen la «Presencia YO SOY» para llamarlos otra vez hacia el poder principal y conducirlos nuevamente, hasta que ellos también puedan ser Portadores de la Antorcha e iluminadores del camino para otros que todavía tienen que seguirlo.

«YO SOY la Poderosa Presencia, que nunca se torna impaciente o se siente desalentada por los largos períodos en los cuales los hijos de La Tierra dan la espalda a la Luz para disfrutar de las actividades sensoriales, hasta que un día se les hacen tan repelentes y casi con el último aliento gritan: ¡Oh, Dios, Sálvame!»

Sólo puedo sonreír al imaginarme que tendrás la opinión de que soy un viejo regañón, pero no cierto, sino que con el coraje necesario debo decirte las Verdades que existen en tus necesidades, para que puedas sacar provecho de ello. Cuando me conozcas mejor te darás cuenta de que, realmente, no soy ni tan viejo ni tan regañón.

Mientras tengas que hacer preguntas constantemente, no encontrarás totalmente abiertas las puertas de la instrucción.

Los Rayos Naturales se harán permanentes para la Tierra y serán recogidos en el centro, si el deseo de la humanidad para alcanzar la Luz es sincero, lo cual determinará si esta actividad autosostenida vale la pena. El globo está compuesto de tierra, agua y aire. Los Rayos son el Fuego Cósmico interpenetrando los otros tres elementos. Los Rayos pasan a través de la tierra, donde se entrelazan, se suavizan y forman el Esplendor Luminoso de la actividad concentrada de la Luz.

Un Rayo entra en la corteza terrestre en un punto al sur del centro del desierto de Gobi, y el otro entra justo al oeste de lago Titicaca en las montañas de los Andes. Es el lago más grande de América del Sur y del mundo, y fue un lugar muy importante siglos atrás.

Estos son los puntos más intensos de Luz en la tierra. Durante cada ciclo, una Actividad Cósmica, la cual no se puede obstaculizar, tiene lugar. Las grandes leyes Cósmicas son exactas hasta en el detalle más ínfimo, y algo como el fracaso o el accidente no está conectado con ellas.

Lo único que debes considerar en el mundo es la «Gran Presencia YO SOY». Cuida y gobierna tu sentimiento, porque si no, llegará un momento en que te sorprenderá sin que te des cuenta.

Cuando algo sucede y tú, que conoces la Ley, te desanimas, deberías volverte a la «Presencia YO SOY» de inmediato y cuestionarte qué deber hacer; en cambio, mantienes tu atención centrada en el desaliento, y algunas veces necesitas hasta de un terremoto para sacudirte y sacarte de tal estado de desánimo.

Toma este decreto: «Esta resistencia tiene que dar paso, y la vista y el oído tienen que manifestarse».

Toma la posición firme de que «YO SOY la Presencia de mi perfecta vista y oído», para sanar esas condiciones en apariencia adversas. Cada uno debería tomar el decreto: «YO SOY mi vista y mi oído perfectos».

Los cuentos de *Las Mil y Una Noches* vinieron originalmente de los Maestros, que los ofrecieron como Verdad Velada para ayudar a la humanidad, y aquellos que creyeron en ellos a través de la fe recibieron maravillosas manifestaciones.

Para que estas maravillosas manifestaciones puedan darse, tiene que haber fe con la que navegar la marea hasta que podamos manifestar la realidad, porque la Fe es el poder que la sostiene, y si la podemos mantener generada, se vuelve realidad.

Siempre existen dos actividades de la Ley cuando entras de lleno en su acción: Primero, la condensación, y segundo, la conversión en éter. Debes seguirlas con serenidad y no permitir que el tiempo, el lugar o las cosas interfieran.

Es necesario que la mente externa permanezca calmada y constante, y la voluntad externa e interna deben volverse una sola. Mientras la atención esté centrada en ellos como una firme determinación, más les será revelada la Operación Interna, hasta que puedan manipularla de manera consciente.

Capítulo XVIII

Sería sumamente útil que cada uno de los estudiantes, en este preciso momento, usara el decreto siguiente con todo el entusiasmo que puedan manifestar: «YO SOY, YO SOY, Yo sé que YO SOY el uso de la ilimitada Opulencia de Dios».

Quiero explicarte que cuando un grupo de estudiantes está de acuerdo en trabajar con el mismo principio, y cuando usan esta manifestación, no solamente están trayendo a sus mundos el uso de esta Gran Opulencia, sino también están bendiciendo a sus estudiantes asociados con lo mismo, porque «YO SOY la Presencia en cada uno». Este es el gran poder que conlleva la acción cooperativa.

Los discípulos que sostienen la amorosa bendición entre sí están sostenidos realmente en el «Abrazo de la Gran Presencia YO SOY», y cuando decretan Su acción, están ordenando la misma bendición y acción no solamente para sí mismos, sino también para sus compañeros.

Es este el comportamiento correcto a propiciar y mantener, y si es mantenido sinceramente en el corazón de cada uno, nadie que esté dentro de este abrazo padecerá necesidades; en cambio, el estudiante que permita cualquier sentimiento de desamor para con otros se aislará de este Gran Esplendor y Bendición.

Es momento ahora de entrar en el entendimiento simple del Deseo de DIOS y el libre albedrío. El deseo de Dios es la Opulencia de Buena Voluntad, que es la primogénita de cada uno de los hijos de Dios.

Cuando te acercas a la Luz por medio del uso de la «Poderosa Presencia YO SOY» de manera sincera, no es posible que vivas otra cosa que no sea la Voluntad de Dios. Como hijo de Dios al que el padre ha dado libre albedrío, tienes que entender que solamente en ti está el manifestar lo que actuará en tu vida y mundo. Debes entender que Dios solo puede actuar en tu vida y mundo en función a tu mandato, pues tienes libre albedrío.

Dios es el principio de toda Vida y cada hijo suyo es

una parte consciente, activa e individualizada de ese Gran Principio Único de Vida, Amor y Poder.

Dios ha dado en custodia a cada uno de sus hijos esta Conciencia Maravillosa, la cual es Omnipresente, eternamente elástica para ser encaminada hacia un punto céntrico donde escribirá con la Pluma de Luz, para envolver la Tierra.

La conciencia es encaminada por el libre albedrío. Es falsa la idea ortodoxa de que Dios actúa según su propia voluntad en la vida de cada persona o nación. Dios actúa únicamente a través de la mente de su propia individualización que está vestida con las personalidades que ves a tu alrededor. Estas personalidades son solo vehículos de uso y expresión de esta Poderosa Individualidad que forma la Voluntad de Dios y tu libre albedrío. La personalidad vive bajo la dirección consciente que cada persona le da.

Te puedo asegurar que cada función de tu cuerpo es sostenida a través de una acción consciente, aunque no te des cuenta de ello, pero e medida que vayas avanzando en la conciencia de la «Poderosa Presencia YO SOY», entenderás que es imposible que una acción externa tenga lugar sin que exista antes una acción autoconsciente.

Puedes verificar esto de una manera muy sencilla. En efecto, si quieres realizar una acción física como mover la mano, por ejemplo, el pensamiento de hacerlo tiene que preceder a la acción misma, de lo contrario, la mano no se movería.

Debes aceptar esta sencilla explicación y reflexionar sobre ella a menudo, porque te liberará la mente de cualquier obstáculo. Eres un Ser con Libre Albedrío y un Ser Autoconsciente, y, ciertamente, esto es de vital importancia para todos los estudiantes. Los quiero a cada uno de ellos, tanto a hombres como a mujeres por igual.

La «Presencia Individualizada de Jesús el Cristo» estuvo en el centro de ambas clases de la siguiente manera: en una estuvo bajo la forma de «árbol de la Vida», y cada estudiante era una rama. En otra estaban en su «Pilar de Esplendor Deslumbrante», dentro del cual está su Forma

Personal visible. En la primera, su forma estaba dentro del «árbol de la Vida», pero invisible, sin mencionar a otros de la Hueste Ascendida que estaban allí también. Además estaban Nada, Cha Ara, Lanto y Yo.

Quiero decir al grupo de muchachos benditos con la rosa en el medio que los sostengo con alegría a todos ellos en mi abrazo cariñoso para que sean capaces de utilizar e inhalar la Radiación de mi Ser. Tienen la Libertad y el Dominio al alcance de sus manos si se aferran a estas instrucciones y las practican.

Además, quiero que los estudiantes comprendan que la Fuente de la Vida que fluye a través de sus mentes y cuerpos les llega siempre de forma pura y natural y contiene todo el poder, coraje, energía y sabiduría que desean, pero al no controlar sus pensamientos y sentimientos están recalificando esta Esencia Pura, sin darse cuenta, con las ideas externas en las cuales la atención se ha centrado.

Practicar el hábito de estar autoconsciente de que: «YO SOY la única inteligencia actuando», en todo momento en que la mente esté ocupada, protegerá a la Maravillosa y Poderosa Fuente de Vida contra el efecto decolorante, Yo diría descalificante, de los conceptos equivocados que yacen en la actividad exterior de la mente. Ciertamente, este es el secreto más sencillo de toda la Perfección si uno logra entenderlo.

Esta Vida Grandiosa existe para nuestro uso siendo Pura y Perfecta, pero por falta de entendimiento, la mente externa la recalifica con frecuencia con conceptos discordantes; y así los seres humanos cambian su Acción Perfecta a lo que encuentran expresado en la actividad externa, como son los impedimentos y la discordia.

Esto te dejará clara la actividad sencilla y autoconsciente que debes practicar para poder acceder a esta Vida maravillosa y perfecta que fluye siempre a través de tu mente y cuerpo en su Estado Puro y Fragante. Ciertamente te digo que aquellos que siguen y mantienen esta idea, encontrarán que las emanaciones de sus propios cuerpos se volverán más finas que la rosa y el lirio. También podrán conocer la conciencia de esta Perfección que fluye siempre a nuestro uso como salud y belleza perfecta de cara y forma hasta que su Radiación brille como un Sol.

¡Oh, querido estudiante! Siendo esto tan sencillo, requiriendo tan poco esfuerzo mantenido de manera consciente, ¿no vale todo lo que requiera de tu parte para adentrarte en la Presencia de esta Fuente de Vida y recibir su Plenitud y Bendición?

Existió una sociedad secreta oriental, originaria de China, que se mantuvo gloriosamente en la Luz hasta que quien estaba a cargo de la cabeza de la orden pensó que su hija, a quien amaba profundamente, había sido asesinada por un inglés durante un saqueo en la guerra. Esto trajo la destrucción de la orden. El retrato de esto en el mundo exterior son las representaciones de Fu Manchú, ejemplo perfecto de cómo la «Luz» pudo ser distorsionada por algo que empezó como un sentimiento de venganza.

El llamado Fu Manchú, al inicio de esa actividad, fue un alma bella y admirable; esto demuestra cómo los estragos de la guerra y la carencia del control del pensamiento y sentimiento en el hombre pueden traer tal distorsión en la Corriente de Vida.

En relación con la Actividad Sudamericana sobre la cual el trabajo presente ha centrado alegremente su atención: Hasta que este foco de radiación inició, la posibilidad de establecer dicho foco en el convulso mundo occidental fue puesta en duda por casi todos, excepto por Lady Nada y Yo. Ellos no sabían ni conocían el hecho de nuestra larga asociación, pues no les había sido revelado nada. Así que, bajo mi propia responsabilidad, dije: «Yo lo probaré».

En la actualidad tengo la cooperación plena de todos aquellos que dudaron. Los Maestros de Venus y Lanto también estuvieron con nosotros. Yo les dije: «El tiempo ha llegado en que aquellos que están fuera de los Retiros puedan ser convertidos en Verdaderos Mensajeros de la Luz». Gracias a ustedes he demostrado estar en lo cierto. Ahora, naturalmente, sólo pido que se mantengan conmigo en el sostenimiento de esto.

Esto demuestra que es posible establecer esta Poderosa

Presencia Activa en medio de una tempestad. Siempre he mantenido esto, y casi todo el tiempo he estado solo al afirmarlo, pero la capacidad de los estudiantes para aferrarse al uso de la «Presencia YO SOY» está haciendo posible cosas maravillosas, y como aliento les digo, con toda sinceridad, que con esta condición fantástica sostenida ha llegado el momento en que no resulta imposible tener varios de los Seres Ascendidos sentados en su medio, visibles como sus cuerpos físicos, manteniendo conversaciones con ellos.

Esto no es obra únicamente de un deseo de los estudiantes, sino más bien de su trabajo para ello. Claro que este buen Hermano no lo supo hasta hace poco, pero durante tres décadas él ha sido preparado para ello. Durante la mitad del tiempo, su preparación era llevada a cabo en lo invisible y ha sido una cosa notablemente hermosa para todos los que la han presenciado.

Alumno: La otra noche en meditación profunda oí las palabras: «En la Ciudad de Delhi.

Maestro: Que realmente quiere decir en la Ciudad de Luz.

Alumno: El lunes 29 de noviembre de 1932 en la mañana, antes de la plática, y otra vez hoy también antes de la plática, oí las palabras de Jesús: «Has estado conmigo en mis penas, me verás ahora en mi Gloria y verás la recompensa que mi Padre dará».

Maestro: Y así será tu experiencia externa.

Las mismas expresiones que Jesús usó de vez en cuando pueden ser y serán usadas alguna vez, en alguna parte, con la realización consecuente, porque la palabra que Él usó constantemente era «Vida», y contenía dentro de ella esa Vida Ascendida o Vida Perfecta.

Pregunta: ¿Cómo está la situación mundial?

Respuesta: El elemento que intentaba entrar no realizará tanto como se esperaba. El dicho antiguo de que si le das a un becerro cuerda suficiente se colgará es verdadero en ciertas circunstancias. Algunas veces piensan que han ganado una victoria sencilla, cuando lo que han hecho es cavar su propia tumba.

Ha sido un inmenso regocijo para mí comprobar que en la tierra de América, por la cual he trabajado tanto, estaban aquellos que podían recibir eso que tú estás recibiendo y mandando en la actualidad. También los Maestros de Venus han observado esto conmigo desde hace algún tiempo. El campo de acción de Kumara era diferente, pero ahora también observa este descubrimiento.

Ninguna radiación sale de ninguna parte del Universo excepto a través de la proyección consciente. La radiación proyectada de las estrellas a nuestra Tierra no puede tener contacto con la Tierra sin que sea dirigida conscientemente por el Ser Cósmico, el cual es la Presencia Consciente Dirigente de la estrella o planeta. Esta dirección consciente es lo que hace que la radiación de un planeta a otro llegue a su destino, pero la radiación así dirigida no lleva aspecto negativo alguno contra nadie.

Las Leyes Universales, Cósmicas, de la Tierra, que impulsan el crecimiento a través de la ley de la experiencia, conllevan aquello que no conocen como resistencia. Si no existiese lo que el hombre conoce como resistencia, este no haría el esfuerzo consciente, lo que haría imposible el avance en entendimiento, o la vuelta a la Casa del padre de la cual se han perdido los niños de la Tierra.

La resistencia no tiene nada que ver con la discordia. La Resistencia es una Ley natural, la discordia es una creación del hombre. No existe discordia en el universo, excepto la que crea la personalidad.

Ten siempre presente que «YO SOY la Presencia gobernante de esto». Primero viene a la mente el deseo, y si tomas conciencia: «YO SOY la Mente Pura de Dios», consumes el pensamiento y mantienes tu mente libre por completo del deseo.

Cuando el líquido se precipita en la mano, califícalo al instante como Luz Líquida y se manifestará como eso. Da la orden para esa cualidad antes de comenzar la precipitación.

Un discípulo no debe esperar ver la misma actividad que otro: no se supone que los estudiantes vean o sientan lo mismo.

No existe ni un momento en el día en el que no visualicemos algo, porque el poder de la visión actúa de manera constante. Saca todo fuera de la mente, excepto el cuadro que quieres, porque eso es todo lo que te compete. No dejes que la atención se centre en el aparente vacío.

Capítulo XIX
A través de su rayo personal, Jesús manifiesta ahora su deseo a los estudiantes
(Habla el amado ascendido Maestro Jesús)

Cuando expresé: «YO SOY la puerta abierta que ningún hombre puede cerrar», quise que el hombre entendiera que me refería al «Gran YO SOY», que es la Vida de cada persona manifestada en la forma. No quise comunicar que el Jesús personal era el único a quien este inmenso privilegio había sido otorgado. Cada uno de ustedes, queridos hijos del Padre Único, tiene la misma Presencia Poderosa dentro de sí mismo, el «Gran YO SOY» que Yo tengo y que tenía en ese tiempo, por el cual logré la Victoria Eterna y Final.

Para aliento, fuerza y certeza de tu mente, quiero que entiendas que la Conciencia que usé para lograr esta Gran Victoria fue el uso de la «Presencia YO SOY» en la cual te estás instruyendo. Tras una búsqueda por todos los senderos posibles en aquel tiempo, la determinación y el deseo por conocer la Verdad me llevó al Gran Maestro —que conocerán algún día—, quien me dio el Secreto Interno y la Poderosa Concesión, que me volvió hacia la Poderosa Presencia, el «Gran YO SOY». Mediante su radiación, la entendí e inmediatamente comencé a usarla. Esta es la única manera de que una individualización del Rayo de Dios pueda alcanzar la Victoria Eterna y construir sus estructura sobre una base firme de la cual ninguna actividad externa puede distraer.

Ahora quiero transmitirte este uso sencillo, todopoderoso, de la «Presencia». Todos los que han conseguido la Poderosa Victoria y se han elevado como Yo lo hice, antes y después de mí, han usado la actividad consciente de la «Poderosa Presencia Eterna YO SOY».

Cuando dije a mis estudiantes y a la humanidad: «Las cosas que yo hago, ustedes pueden hacerlas también, e incluso cosas más grandes», yo sabía de qué estaba hablando. Sabía que dentro de cada individualización o Hijo de Dios estaba esta «Poderosa Presencia YO SOY», por cuyo uso estás impulsado hacia adelante sin vacilación alguna. Digo «impulsado» porque justamente a eso me refiero.

El uso constante de tu «Presencia YO SOY» te impulsa hacia adelante, a pesar de cualquier circunstancia del cuerpo externo. Tempestades, angustias y disturbios pueden arder alrededor de ti, pero mientras mantengas con firmeza esta idea y estés en la Conciencia de la «Presencia YO SOY», puedes permanecer en calma, inconmovible por el torbellino bullicioso de la creación humana, en el cual podrías verte envuelto.

Hay una sola manera de que tú y el Padre se vuelvan eternamente Uno, y es a través de la aceptación plena de tu «Presencia YO SOY», la Energía, el Amor, la Sabiduría y el Poder que Él te ha otorgado: atadura dorada, escalones preciosos a través de los cuales te elevarás calmadamente hacia la realización final.

Un día, en algún lugar, cada individualización de DIOS, el PADRE, tiene que encontrar el camino de vuelta hacia el padre a través de su «Presencia YO SOY», cumpliendo con su cielo, o cielos, de individualizaciones en el uso de la actividad externa del Yo externo. La tierra es la única esfera donde existe la densidad de la estructura atómica que experimentas. El reconocimiento consciente y el uso de la «Presencia YO SOY» que eres gradualmente aumenta la acción vibratoria de tu estructura atómica, desvistiendo y liberando la actividad electrónica que está oculta dentro del átomo, permitiendo que te vuelvas un Ser autoluminoso.

Quiero que todos los que puedan recibir esto o contactarlo algún día, entiendan muy bien que Yo no soy y nunca fui un Ser Especial creado por Dios, distinto al resto de la humanidad. Es cierto que había hecho esfuerzos conscientes previos, y había logrado mucho antes de la encarnación en la que gané la Victoria Eterna. La vivencia que escogí hace dos mil años era para dar el ejemplo que cada individualización de Dios tiene que seguir tarde o temprano.

Insisto, querido Hijo de Dios, en que me veas como un

Hermano Mayor, un igual a ti. Cuando dije o dejé la palabra: «YO SOY con ustedes siempre», la Presencia YO SOY, que soy y que ustedes son también, es Una. Por lo tanto, ¿no ven cómo «YO SOY» contigo siempre? Medita profundamente esto, e intenta sentir su realidad.

Durante mi ascenso, y después de él, vi la grandeza de la radiación que iba a poder derramar a mis queridos hermanos y hermanas en la Tierra, desde la esfera donde iba a habitar a partir de ese momento. Quiero decirles, de verdad: cada individuo que mande su pensamiento consciente a Mí con el deseo de ser elevado por sobre las limitaciones de la tierra o de su propia creación, y viva de acuerdo con ello, recibirá de mí toda la ayuda posible para ser dada de acuerdo con los escalones de crecimiento de la conciencia que alcanzará con el paso del tiempo.

No me malentiendas cuando me refiero a crecimiento. Me refiero a la humanidad en general. No me refiero a algunos que tienen un logro anterior suficiente para que en el uso actual y la completa aceptación de su «Presencia YO SOY» puedan hendir el velo de la creación humana y avanzar en el «Abrazo de la Resplandeciente Presencia YO SOY ascendida» en cualquier momento. Hay alguno en el grupo de estudiantes que se ha formado para quienes es posible hacer esto. Eso depende enteramente de ellos mismos, de la serena intensidad equilibrada por la cual se hacen conscientes de su «Presencia YO SOY».

Si te comunico estas grandes noticias es porque yo las he comprobado en mi experiencia personal.

Antes de decidir certeramente la manera en que Yo daría el ejemplo a la humanidad, comencé de repente a usar la alineación que me vino de un impulso interno: «YO SOY la Resurrección y la Vida». Tras dos días de usar esa afirmación con gran júbilo, vi lo que se debía hacer, y quiero asegurarte que fue el uso consciente de la Poderosa Afirmación: «YO SOY la Resurrección y la Vida» el que me dio el poder para ascender en presencia de tantos y registrar en los archivos etéricos ese ejemplo que se mantendrá presente eternamente para toda la humanidad.

Lamentablemente, el velo de la idea ortodoxa cubrió las

mentes de los hombres, obstaculizando la comprensión de que cada uno tenía dentro de sí la «Presencia YO SOY» al igual que Yo, por la cual cada uno podía alcanzar y hacer las mismas cosas que Yo y conseguir la Victoria Eterna.

Este, querido estudiante, es el mensaje personal que deseo dejarte, expresado mediante el Rayo de Luz y Sonido en el cual cualquiera puede entrar, ver y oír con la suficiente preparación consciente.

Nuevamente insisto en que pienses en Mí como tu Hermano Mayor, listo para ayudarte en todo momento. No pienses en Mí como un Ser Trascendente, lejos de tu alcance, con el que todo contacto es imposible, porque la «Presencia YO SOY» que me dio la capacidad para ascender es la misma «Presencia YO SOY» que te permitirá hacer la ascensión que Yo hice; solamente que hoy tú tienes la ayuda de la Gran Hueste Ascendida de Seres que han ganado la Victoria Eterna y que dichosamente están a tu servicio, mientras tú te preparas para ello.

Te envuelvo en Mi Amor, y te repito una vez más: «Siempre estoy contigo».

Habla Saint Germain: «¿No les tenía una sorpresa?».

Capítulo XX

Muchos son los que han estado observando esta realización y ven con gran dicha cuán verdaderamente los estudiantes se están adentrando en la «Poderosa Presencia YO SOY», y cómo las cosas que les estaban perturbando se están disolviendo y están desapareciendo como si nunca hubiera existido.

Querido estudiante, ¿no te das cuenta del gran júbilo que embarga a aquellos que hemos seguido el sendero del logro de la Gran Libertad y Maestría sobre toda limitación al verte entrar en esta Presencia, la cual, si es sostenida, te traerá sin fallo posible hacia esa misma Libertad? Únicamente es cuando lo externo se vuelve lo suficientemente obediente, dándole todo poder a esa Gran Presencia Interna, que uno encuentra serenidad y descanso en ese Poderoso Reconocimiento.

En esa serenidad y descanso fluye un río pleno de energía, así como un arroyo de montaña pasa a través de un valle fértil lleno de flores y vegetación perfecta. Así, en esa paz que sobrepasa toda comprensión humana, te moverás más y más, y encontrarás ese río eterno de energía fluyendo en y a través de tu Ser y experiencias sin importar donde estés.

Es cierto que la inteligencia es el canal receptor, pero mientras sientas con sinceridad genuina y llena la «Verdad de la Presencia YO SOY», descubrirás que esa quietud crecerá más y más hasta que un día «verás la puerta de tu creación abierta de par en par ante ti, y entrarás con los brazos abiertos en esa Libertad inhalando la fragancia de la Atmósfera Pura del mundo Etérico, donde serás capaz de moldear esa sustancia plástica en la Perfección de todo donde tu deseo se pose».

Estás avanzando espléndidamente, no permitas que ningún miedo de personas, sitios, condiciones o cosas te interrumpan o te perturben; la «Presencia de la Luz» está ante ti, haciéndote señas de seguir adelante para que puedas ser sostenido en su abrazo cariñoso, recibiendo sus riquezas ilimitadas que Ella te guarda.

Ahora te diré algo que te sorprenderá, pero que te aseguro que es muy cierto. Anoche se formuló el siguiente cuestionamiento: ¿Han estado ustedes juntos con anterioridad? Yo quiero decirles que no hubiese sido posible traerlos hacia esta acción intensa de la Gran Ley Interna si no hubiesen tenido previamente una asociación armoniosa y una preparación. Puede que sea difícil para ustedes entender de primera vez que están recibiendo una preparación intensa y que solamente es dada tras tres años de prueba en el retiro. Algunos de ustedes ha almacenado tesoros de Energía, quiero decir: Energía creada por su actividad consciente a través de la «Presencia YO SOY». Otros tienen almacenados tesoros de Luz, otros tesoros de Amor, otros tienen oro y joyas que fueron guardados para ser usados en esta encarnación. Muchos están a punto de soltar a la visibilidad (en sus manos) estos tesoros almacenados. No piensen que me he perdido en ensueños fantasiosos. Yo estoy trayendo esto a su atención para beneficio y bendición propios.

Quiero que te recojas durante unos minutos y hables con tu «Presencia YO SOY» diciéndole algo como: Gran presencia Maestra que YO SOY, te Amo, te Adoro. Me vuelvo a Ti, Plenitud de todo Poder Creativo, todo Amor toda Sabiduría y a través de este Poder que eres, te doy todo Poder para que hagas visible en mis manos y uso la realización de cada deseo mío. Ya no pretendo tener ningún poder, porque ahora te reclamo a Ti, la única Presencia Conquistadora de todo, en mi hogar, mi vida, mi mundo y mi experiencias. Reconozco Tu Supremacía Completa y Tu Dominio sobre todas las cosas, y mientras mi conciencia se fije en una realización, Tu Presencia Invencible y Tu Inteligencia asumirán el comando, trayendo la manifestación a mi experiencia rápidamente —hasta con la velocidad del pensamiento— . Yo sé que Tú eres jefe de tiempo, sitio y espacio. Por lo tanto, Tú requieres solamente el «ahora» para atraer a la actividad visible toda Tu perfección. Yo me mantengo absolutamente firme en la completa aceptación de esto ahora y siempre, y no permitiré que mi mente se aleje de ello porque, al fin, Yo sé que somos Uno».

Querido estudiante, podrás agregarle a esto cualquier cosa que desees y Yo te aseguro que, si puedes vivir en esto, Yo me esforzaré en ayudarte y vivirás la apertura de las compuertas de la Abundancia de Dios.

Lo más deseable e importante que cualquier persona puede hacer es centrar su mente en la única necesidad permanente, y esta es seguir avanzando hasta llegar a la profundidad y firmeza de esta «Poderosa presencia YO SOY» y una vez allí, todo el Amor, la Luz, lo Bueno y las Riquezas fluirán en su vida y experiencia por un poder interno de propulsión que nadie puede obstaculizar.

Este es el propósito del entrenamiento verdadero, la razón por que los estudiantes fueron atraídos a los retiros a medida que estuviesen lo suficientemente adelantados, porque, como he dicho en otras ocasiones, es relativamente sencillo resolver los problemas que vienen, pero Yo les pregunto: ¿Qué bien hace el seguir resolviendo los problemas a menos que se tenga algo, en alguna parte, en lo que poder anclarse y que lo elevará por encima de la consideración de cualquier problema?

Encontrar tu «Presencia YO SOY» y aferrarse a ella es la única cosa deseable que hacer. Claro que hasta que llegues a este punto de anclaje firme a tu «Gran Presencia YO SOY» es necesario que resuelvas tus problemas a medida que van surgiendo, pero es mucho mejor entrar y liberar esta Poderosa Presencia, Energía y Acción que ha resuelto los problemas antes de que vengan a ti. ¿No es esto más deseable que, al despertarte cada mañana, encontrar estos problemas de frente, mirándote en la cara, como si fuesen algo realmente importante, pero que después de todo no lo son? No obstante, estarás de acuerdo conmigo que alguno de ellos, por lo menos para los sentidos externos, conllevan gran importancia.

Con tu gloriosa obediencia al Principio Divino de los Seres Creados, nos encaminaremos con nuestra Armadura de la Protección Invencible puesta, hasta que la intensidad de la misma Luz en la cual entrarás haga innecesaria la armadura.

¿No crees que esto vale todo el esfuerzo necesario para

que te muevas por siempre en esta Gloriosa Libertad? Entonces, cuando te despiertes cada mañana, ya no encontrarás a estos visitantes.

Mientras he manifestado estas palabras te he mantenido en el foco de mi visión, sin que lo supieras, para que cuando oigas estas palabras sientas la convicción interna de estas con un Poder que te agradará.

Cada vez que pensamientos inoportunos o de crítica intenten entrar en tu conciencia, cierra la puerta rápidamente y ordénales que se vayan para siempre. No les des oportunidad de que ganen espacio, recordando siempre que tienes la fuerza y el poder sostenedor de la «Poderosa Presencia YO SOY» para hacer esto. Si tienes problemas para cerrar la puerta, háblale a tu «Presencia YO SOY» y dile: «¡Mira, necesito ayuda: cuida de que la puerta esté cerrada a esta molestia y ciérrala para siempre!».

Quiero que seas consciente de que puedes hablar a tu «Presencia YO SOY» de la misma manera que puedes hablarme a Mí, creyendo que Yo tengo poder ilimitado, porque Yo te aseguro que no son palabras a la ligera cuando digo: «Puedes decirle a esta poderosa Presencia que se encargue de cada condición en tu experiencia y que te eleve hacia la Libertad y el Dominio de todas las cosas».

Como ya has alcanzado la actividad de la Sustancia Universal, quiero dirigir tu atención hacia el siguiente hecho: La sustancia de su cuerpo y esa sustancia que parece invisible a tu alrededor es inmensamente sensible a tu pensamiento y sentimiento conscientes, por lo cual tú puedes moldearla de la manera que desees. La sustancia de tu cuerpo puede ser moldeada por tu pensamiento y sentimiento consciente en la más exquisita y bella forma: tus ojos, pelo, dientes y piel pueden ser hechos deslumbrantes con belleza radiante.

Esta puede ser una certeza muy alentadora para las mujeres, y estoy seguro de que también puede serlo para los hombres, aunque ellos no lo admitan por orgullo. Queridos Hermanos y Hermanas, cuando se vean en el espejo, díganle a lo que allí ven: «Por virtud de la belleza y la inteligencia que YO SOY, les ordeno asumir perfecta belleza de forma en cada célula de las cuales están formados y obedecerán a mi órdenes, convirtiéndose en radiante belleza en pensamiento, palabra, sentimiento y forma. YO SOY el fuego y la belleza de tus ojos, llevando esa Radiante Energía hacia todo lo que mire».

Así alcanzarás la apariencia de perfección que te dará el aliento que deseas para saber que «YO SOY siempre la Presencia Gobernante».

Si quieres que tus formas se vuelvan más simétricas, recorre todo tu cuerpo con tus manos, desde los hombros hasta los pies, sintiendo la perfección o la simetría de la forma que deseas. A través de tus manos fluirá la energía o calidad de lo que quieras manifestar. Si haces esto con un sentimiento profundo y verdadero, te asombrarás de los resultados. Este es el más potente adelgazante en el mundo, y te aseguro que hará que mientras la piel tome la perfección y la simetría deseadas, esta se mantenga firme y elástica en todo momento, porque estarás mandando la energía de la «Presencia YO SOY» a través de estas células, obligándolas a obedecer el mandato dado. Esto puede resultarte ridículo, pero Yo te digo que es una de las mejores maneras, la más segura y perfecta para alcanzar la perfección del cuerpo. Te aseguro que cualquiera que practique esto pondrá su cuerpo en la condición deseada.

Quiero que los discípulos absorban la plenitud de la idea de que ellos son los dueños de sus formas, mentes y de sus mundos, y que pueden inyectarles lo que deseen. La Vida de Dios Pura y Perfecta fluye a través de ti en cada momento de tu vida. ¿Por qué no cambiar el patrón viejo por el nuevo? ¿No te das cuenta de lo importante que es el perfeccionamiento del cuerpo?

¿Qué puede hacer la Presencia Interna con un cuerpo que siempre está enfermo y que carece de armonía? Cuando este es el caso, la atención se centra tanto en el cuerpo que la «Presencia YO SOY» únicamente recibe un mínimo de atención. ¡Es tan fácil! ¡Solo hay que intentarlo! Este tratamiento de la piel con la energía de la «Presencia YO SOY» hace a la piel firme y perfecta.

La razón por la que te digo esto con un sentimiento tan

profundo y ansioso es porque veo el cambio y la mejoría en casi todos, y sé que mediante la atención consciente y especial centrada en esto cada uno podría ser llevado mucho más rápidamente a esa Perfección que tanto deseamos.

Cuando una persona tiene un abdomen anormal —y cualquier cosa que no es recta es anormal— debe levantar su mano izquierda con la palma hacia arriba y mover su mano derecha sobre el abdomen en un movimiento de rotación de izquierda a derecha. Cada vez que la mano pase sobre este, hay que sentir profundamente la actividad absorbente.

La carga rápida de energía a través de la mano entra en las células, encogiéndolas y reduciéndolas a la condición normal. Puedo asegurar que esta instrucción no es una fantasía, sino que tiene un sentido tremendo y dará resultados esperados, sin fallo posible, si se aplica con sentimiento ansioso.

La conciencia, claro está, debe ser «la energía que fluye a través de la mano derecha es la Presencia Todopoderosa y Absorbente que consume todas las células innecesarias, devolviendo al cuerpo su condición normal y perfecta».

Esto no cambiará el tamaño anormal del abdomen, pero se adentrará a través de la forma, cargando la actividad intestinal con un proceso limpiador y purificante que será de gran beneficio. Aquellos en los que sea perezosa la actividad de esos órganos, descubrirán que se les activará hasta lo normal. Yo les aseguro que las mujeres no necesitarán usar más los rodillos o girar en el suelo, y también aseguro que ellas no son las únicas que se valen de estas herramientas.

Es lamentable, casi repulsivo, que las personas que tienen dentro de ellas esta Poderosa Presencia de Dios sigan otorgando todos los poderes imaginables a las cosas exteriores para conseguir resultados dentro y fuera de ellos, cuando cualquier agente terapéutico que usen, sean ejercicios, drogas o cualquier otra cosa tiene muy poco efecto, si acaso alguno, excepto la calidad y el poder que ellos les han dado conscientemente a estos agentes. Este tratamiento actúa sobre las células sin importar donde estén, ya sea en los huesos o en la carne.

La mente externa siempre cuestiona la capacidad de este Yo Interno para manejar parte del cuerpo. Si puede manejar un tipo de células puede manejar a todas.

Haz que lo externo acepte todo el poder de la Presencia Interna, y así permitirás que esta se expanda en el uso de todas las cosas.

La mente exterior, durante el paso del tiempo, les ha dado un poder muy grande a las drogas y a los agentes terapéuticos de toda especie, pero ¿no ven ustedes que la única cosa realmente capaz es el poder y la autoridad que ustedes le dan para que tenga un efecto en sus cuerpos? No quiero decir, ni por un momento, que quienes no conocen a la «Presencia YO SOY» deben prescindir de todos los agentes medicinales, pero si centraran sus mentes de manera firme en la certeza de que «ninguna cosa externa tiene poder alguno en sus experiencias, excepto el que ellos mismos le dan», comenzarían a salir de las limitaciones de las que son prisioneros.

Ahora quiero decirte que casi todo el poder dado a las cosas externas es concedido de forma inconsciente y sin que muchos estudiantes se hayan dado cuenta de ello. Dirigirse hacia esta Gran Presencia de Dios dentro de ti y darle todo el poder para hacer las cosas que necesitas y deseas hacer hará que estas se manifiesten con una rapidez y una certeza mucho mayor que la de cualquier medicamento o herramienta exterior. Algunos aplicarán esta idea con una tenacidad tremenda, mientras que otros necesitarán más esfuerzo, pero puedo asegurar que realmente vale la pena hacerlo.

Recuerda siempre que la «Presencia YO SOY» conoce todas las cosas por toda la eternidad, en todas las maneras pasadas, presentes y futuras sin límite alguno. Si pensaras en esta Gran Presencia, contemplarías y entenderías que ella es todo Amor, Sabiduría y Poder: entonces cuando esta centre tu atención en algo a cumplirse, sabrás que esta Presencia es la puerta abierta, es la realización todopoderosa, y que no puede fallar jamás.

Invoca a la Ley del Perdón y encamina la energía del Yo Maestro para que corrija y ajuste el error, y así obtengas la libertad de su reacción.

Ya ves, pues, que grandes cantidades de poder innecesario se han concedido a la actividad externa; se le da mucha más importancia a cosas que a la «Presencia YO SOY» no le interesan en lo absoluto. A ella no le competen los errores cometidos por el yo externo, y si el hombre pudiera entender que le puede dar la espalda a todas las actividades discordantes, y darle a la «Presencia Maestra YO SOY» dentro de él toda la autoridad y el poder para disolver y disipar la condición equivocada, no podría nunca, de ninguna manera, sentir la reacción de sus malas acciones.

Cuando una persona se empeña en criticar, condenar o juzgar a otros, no está perjudicando únicamente al otro, sino que también está permitiendo, sin ser consciente de ello, que ese mismo elemento que él está viendo en la otra persona penetre en su experiencia. La verdadera comprensión de esto hará más fácil que el individuo frene esta actividad no deseada, porque se dará cuenta de que será en su propia protección.

Voy a presentarte esta realidad de otra manera: cuando la atención consciente se centra en algo, esa cualidad penetra en la vivencia del individuo. Cualquier cosa que una persona vea con profundo sentimiento dentro de otra persona, la estará forzando dentro de su propia experiencia. Esta es la prueba indiscutible de por qué el único sentimiento deseable que debe regir sobre un individuo es la Presencia del Amor Divino, y por eso quiero decir: Amor Puro y Desinteresado.

Los discípulos se cuestionan a veces el por qué tienen que manejar tantas condiciones en su experiencia, cuando se vuelven más y más sensibles. Es porque cuando ven una apariencia, que les han instruido que no es real, dejan que su atención se centre en ella y no solamente la invitan, sino que la fuerzan dentro de sus propios mundos y después tienen que trabajar para poder liberarse de ella. Esto se puede evitar si instantáneamente se remueve la atención de la apariencia y se reconoce que «YO SOY, YO SOY, yo sé que «Yo Soy» libre de esta cosa para siempre», sin importar de qué se trate.

Evidentemente, todo esto viene por la carencia de auto-control del individuo o de una renuncia a usar ese auto-control para dominar lo exterior. Hay dos condiciones que se manifiestan de forma clara en los estudiantes: Una, que está lo suficientemente deseoso para hacer el esfuerzo, pero que sin darse cuenta permite que su atención se centre en las cosas indeseables. El otro, a través de una cualidad de testarudez, no quiere hacer el esfuerzo requerido para conquistarlas.

Ningún maestro debe, en ningún momento, tener un pensamiento de crítica sobre ningún estudiante, porque si lo hace estará atrayendo esa misma crítica hacia él. Si los estudiantes entienden la idea correcta de esto, lo detendrán por su propia protección.

Guardar silencio ante la discrepancia en otro es mucho peor que la crítica verbalizada, porque se está permitiendo que la fuerza se acumule. Cuando alguna discrepancia llame tu atención, rápidamente dile a tu Presencia YO SOY: «La Presencia YO SOY está dentro de esa persona, y lo humano no me concierne». Sin importar que sea una persona o un objeto inanimado, en el momento en que detectas imperfección alguna, estás forzando esa cualidad en tu propia vida. Esto es tan importante que nunca se insistirá lo suficiente en ello.

La primera consideración se deberá dar siempre a tu propio «Yo Divino»: adóralo siempre. Esto te brindará la oportunidad y la fuerza para elevarte a mayor altura, desde donde podrás ayudar a muchos, mientras que ahora asistes únicamente a unos pocos.

Ningún servicio puede ser de beneficio permanente, a menos que el individuo acepte primero y adore a su propio «Yo Divino, la Poderosa Presencia YO SOY». Quienes deseen servir a la Luz y realmente hacer el bien deberán comprender esto muy claramente y tenerlo presente siempre.

Cuando los estudiantes dicen: «Si yo tuviera dinero, podría hacer mucho bien», exhiben precisamente la actitud contraria a la que deberían tener. Si uno entra en la presencia «YO SOY» tendrá todo el dinero que desee, y este no podrá ser alejado de él.

Toma la posición con todo el mundo de que «solamente la Presencia YO SOY actúa en esa persona».

Toda experiencia externa es únicamente una disciplina. Para aquellos que entran en este trabajo, el trabajo presente es realmente una escuela final o experiencia, y es por eso por lo que algunos de ellos sienten que es un poco fuerte. Toda Hueste Ascendida siente con inmensa dicha el Amor y la gratitud que les son enviados, y claro está, responden casi sin límites.

«YO SOY» es todo lo que hay presente en todo sitio visible e invisible.

La conciencia necesaria negará a ti de tiempo en tiempo a medida que progreses en el uso de esto.

No te permitas cansarte por «cosas». Únicamente mantén la actitud serena y certera de la Ascensión. Serena, rápida y cariñosamente acéptala y solamente sé consciente (esto elimina la tensión). Nada puede ser más poderoso que esto.

Capítulo XXI

Oh, si todos los estudiantes pudieran entender que no existe actividad ni conciencia más grande que la práctica de la Presencia «YO SOY».

Sin importar cuál de los canales entre los muchos a los que el individuo recurre, ni cuál de los ángulos de la verdad se está manifestando, todos llevan finalmente a este, que ustedes tienen el privilegio de conocer y emplear ahora.

Sabes de sobra que todo conocimiento se torna inútil si no se practica. Tú, que ejercitas la actividad «YO SOY», ya sabes y sientes la gran diferencia que hay entre Ella y todos los demás canales que se conocen en este planeta. Cuando el estudiante pronuncia «YO SOY» con sentimiento y conocimiento de la Verdad, está poniendo en acción física y visible la Presencia y el Poder de Dios, que es «YO SOY», y esto es completamente distinto a toda otra costumbre y práctica, a toda otra afirmación que jamás se haya expresado en palabras. Es decir, que no existe ninguna otra manifestación que tenga el poder del «YO SOY» para el logro de cualquier objetivo, siempre que sea usada con atención consciente. Es por esta razón por la cual el Maestro Jesús la añadió a sus más importantes afirmaciones, y si los discípulos comparan y meditan las afirmaciones que hizo el Maestro Jesús, verán la estupenda plenitud de lo que acabo de decir.

Debo advertir que en ningún momento debe ningún maestro cobrar dinero por esta instrucción. Los estudiantes pueden dar las ofrendas cariñosas que deseen, pero el pago como obligación cierra la puerta de manera inmediata, ya que la actividad «YO SOY» está regida por una faceta de la Ley Divina que tendré que explicarte más adelante. En estos momentos no es posible, por más cariñosos que sean tus deseos, entrar en la radiación del Círculo Interior. Los hermanos que están recibiendo esta enseñanza pasaron tres décadas en una compleja e intensa labor de preparación para poder realizar este trabajo. El Círculo Electrónico dentro del cual actúa esta radiación está ajustado de manera muy especial, y para poder incluir otros seres humanos habría que reajustarlo y transformarlo. Cada persona tiene su propia radiación y acción vibratoria, y por hermosa que sea la radiación nueva, tomaría algunos años el poder adaptarla. Este mecanismo invisible, por llamarlo de alguna manera, aunque es sumamente poderoso, es también más delicado que el más tenue velo.

Otra advertencia que debo hacer con relación a la radiación de la actividad «YO SOY» es que en ninguna circunstancia debe ningún estudiante o instructor adelantarle esta enseñanza a aquellos que no estén aún en esta radiación. Y no queremos que alguien sea tan inoportuno que se le ocurra pensar o decir que está autorizado para divulgar esta enseñanza cuando aún no ha recibido el permiso de hacerlo.

El instructor o el estudiante que practique la actividad «YO SOY» con sentimiento profundo y de manera genuina no tendrá nunca que comercializar la enseñanza cobrando las clases, ya que el «YO SOY» convertirá a quien lo practica en un imán invencible de la Opulencia Divina. Todo el que practique manifestando «YO SOY la Omnipresente e ilimitada Opulencia del padre para mi uso», aunque inicialmente no tenga plena comprensión, tarde o temprano podrá descubrir la plena verdad y el poder que encierra el tratamiento. Yo sé que para el hombre el sustento es de vital importancia, pero en la Tierra el dinero es fugaz como las arenas movedizas, hasta que se aprende a practicar la actividad «YO SOY» de manera consciente, y se verá que la provisión no tiene límites humanos. Así sea de dinero, amor, comprensión, luz o iluminación, internaliza la convicción que te estoy irradiando para que la uses con conciencia inamovible. Esto te hará libre de las dificultades económicas.

Hay otra información que yo dudaba en darte en este momento, pero tu empeño me ha forzado a hacerlo, y es que sabiendo que la Presencia «YO SOY» —que en estos momentos estás poniendo en acción— es la misma en todo individuo, en la Tierra y en todo el Universo, y que ella misma es la que te otorga el Poder y la Inteligencia para formular tus decretos, quiero que sepas también que tu aplicación consciente está actuando en todas partes de igual forma. No es solo en las circunstancias que en un momento específico te perturban. Te mando esto con una radiación especial para que la puedas utilizar con toda confianza.

El estudiante tiene que hacer esfuerzos conscientes para mantener su mente en calma, de manera que el Poder Interior fluya sin obstáculo alguno y se puedan cumplir sus deseos. Cuando en el instituto te daban un problema de aritmética para resolverlo, y también la solución, si inicialmente no lograbas resolverlo tenías que seguir trabajando hasta que saliera todo correctamente, ¿no es cierto? Y si encontrabas problemas en la operación le preguntabas a la maestra. Pues esto funciona igual: sigue aplicando las reglas que ya conoces hasta que se te den tus deseos o necesidades. Cuando haces una afirmación basada en el «YO SOY», el resultado no puede fallar, siempre que tu determinación no se tambalee.

Ahora te ofrezco un gran consuelo y alivio: cuando a la Presencia «YO SOY» se le pide Luz, Amor, Sabiduría, Poder o Iluminación, es imposible albergar un deseo o intención egoísta. Una cosa no va con la otra, y «YO SOY» elimina la forma negativa. Lo más importante para todo estudiante es llegar a anclarse en la Magna Presencia y siempre ser fortificado por Ella, ya que se está valiendo de una Inteligencia, un Amor y un Poder tan excelsos y poniéndolos en acción, y estos actúan primero en ellos mismos.

A casi todos los estudiantes les entra un deseo de enseñar antes de haberse fortalecido mentalmente lo suficiente, y se encuentran entonces con dificultades que no saben dominar. Se desilusionan, sufren bajones de ánimo y se alejan de la enseñanza, defraudando el maravilloso trabajo que hubieran podido hacer pasado el tiempo necesario. La Magna Presencia «YO SOY» organiza todo esto si se le invoca para ello. Se requiere enorme fortaleza para no dejarse perturbar. No hay nada que te pueda dar fortaleza y llevarte al éxito pleno en tu actividad externa como el uso consciente de tu Presencia «YO SOY». SÉ inflexible contra lo que trate de disuadirte.

Contra la interferencia, repite: «Yo sé lo que hago y le estoy haciendo. Mi YO SOY me guía y me fortalece». Algunas veces tendrás que repetir cosas muy fuertes para interrumpir la interferencia, pero no te dejes dominar por ella.

El trabajo de la Presencia impide que se desarrolle algo desequilibrado. ¿Por qué? Porque «YO SOY» es el Perfecto Equilibrio. Es el Poder, es la Inteligencia, es el Amor que gobierna toda Perfección. Su sola mención y actividad obliga al equilibrio. La orden «YO SOY» es la actividad de aquello que ya existe, obligándola a aparecer en el exterior. Existen varias personas que, si usaran la frase poderosa de Jesús, «YO SOY la Resurrección y la Vida» con frecuencia, ascenderían sus cuerpos físicos con total certeza. No se pueden usar las palabras «YO SOY» seguidas de lo que uno desee sin comunicarles el poder de manifestarse. Jesús vino por su propia voluntad a enseñarles a los discípulos la forma en que él dominó al último enemigo.

Dos cosas pueden retrasar el progreso de cualquier estudiante. Una es cuando el esposo o la esposa no están de acuerdo con los esfuerzos de su pareja. La otra es la sugerencia ajena. Tú tienes tu Presencia «YO SOY» que es omninteligente, de manera que hazte impermeable a toda sugestión, sea esta buena o mala.

Algún día consagraré una enseñanza entera al sabio manejo de las cosas psíquicas (astrales, lunares, psiquismo, etc.). No existe una persona en diez mil que entienda que el despertar de la clarividencia no es espiritual. Cuando se comienza a ver en el plano psíquico, solo se está usando la vista física, pero un poco expandida. Eso es todo.

En el plano psíquico también se reciben sugerencias que ofrecen un mínimo de la verdad, lo suficiente para despertar el interés del individuo hasta que las fuerzas psíquicas (malignas) se apoderen de él. Esto pude suceder por lo fascinante del fenómeno, pero únicamente hay que centrar la atención en la Presencia «YO SOY» y esta lo extrae de allí y lo ancla plenamente en el Plano Espiritual y en la Presencia «YO SOY».

Cuando las personas se mezclan con el plano psíquico, descubren que todo se distorsiona. No se obtiene ninguna prueba definitiva de la Verdad y surge la confusión en la mente. Las entidades del plano psíquico empiezan a profetizar y a veces a alabar. Es lo primero que hacen. Intentan ponernos bajo su dominio. La salvación está en que nadie le puede oponer resistencia a un Mensajero de la Luz, y todo el que trabaja en la Presencia «YO SOY» es Mensajero de la Luz: es Radiación. Aquellos que se les oponen reciben la reacción, ya que la Luz rechaza todo lo que no es igual a ella misma.

Comienza siempre ofreciendo tu gran amor y tu adoración a tu propia Presencia «YO SOY». Después a las Entidades de Luz que te puedan brindar ayuda, y luego afirma tu «YO SOY» en expresiones como «YO SOY la Victoriosa Presencia en cualquier cosa que yo desee», «YO SOY la Presencia en toda orden que doy, cumpliéndola, llenándola», etc. También es importante decir que no hay nada que cierre la puerta tan rápidamente como la impaciencia, la perturbación, el desánimo o la prisa en ver resultados. Ninguna creación humana, ninguna ignorancia de otras mentes, incluso cuando sean dirigidas a uno personalmente, tienen poder alguno para perturbamos. Si alguna de esas cosas te genera confusión, rápidamente dirígete a tu Presencia «YO SOY» y exige ver y saber claramente cuál el plan a seguir y cómo debes calificar la circunstancia.

Es importante que siempre conserves este canal limpio y puro, y que sepas que las imágenes de los Maestros han de ser sagradas para el estudiante. Recuerda la antigua máxima: «Saber, Osar, Hacer y Callar».

Capítulo XXII

Es fundamental que el estudiante comprenda que aquello llamado «plano psíquico» no guarda relación alguna con la espiritualidad. Es únicamente una facultad humana que puede ser puesta en juego por aquellos seres humanos que le presten atención suficiente. Pero también es importante advertir que si alguien desea entrar al plano psíquico, ya sea de forma consciente o inconsciente, más le valdría no haber venido a esta encarnación, pues la fascinación con los fenómenos psíquicos es tan potente que todo aquel que se ancle en el plano psíquico no se librará de ello en esa encarnación; al contrario, puede que necesite varias encarnaciones para liberarse.

En todo nivel de conciencia hay un fragmento de verdad no reconocida, pues si no la hubiera, no le sería posible mantenerse (solo la verdad es eterna; la mentira existe, es posible, pero transitoria). Debes entender que en todas las cosas, en toda actividad, hay más o menos energía divina en acción, mal empleada, tal vez, pero sin embargo en acción.

El estudiante genuino no prestará atención a los fenómenos psíquicos de evidencia o audiencia, y debe entender que él debe atravesar directamente, por el poder de su voluntad interior (la llama azul) y su determinación, y entrar al cinturón electrónico donde se expresa únicamente la Verdad.

Querido estudiante, mientras explico lo siguiente, que es muy necesario, quiero que tomes la resolución de no experimentar miedo alguno.

Dentro del pensar y sentir del nivel psíquico actúa lo que se conoce como «la fuerza siniestra» en este plano. Algunas veces, almas que han conseguido maravillosos logros interiores, no internalizando la realidad de lo que estoy explicando, han permitido que su atención se fije o sea atraída a este nivel por el hecho de que se les ha despertado prematuramente una de estas facultades, y por razón de un parecido con la verdad les ha sido presentada mediante suficientes fenómenos como para retener su atención. Después que la atención se centra, todos encuentran que cualquier parecido con la verdad desaparece.

Uno de los atributos más fascinantes de este plano es el de las falsas profecías, las cuales hacen que el hombre haga otras más audaces aún. De vez en cuando se cumple alguna para mantener la atención de manera más fuerte. Junto con esto hay una sustancia que es introducida en el cerebro (no puedo explicarles más en este momento), lo que hace imposible que el maestro interfiera para ayudar, porque implicaría actuar contra el libre albedrío del individuo, quien ha aceptado esta desafortunada situación. Hay algunos casos en los que el individuo ha comprendido su equivocación antes que se haga demasiado tarde, y ante su intensa llamada para ser liberado, uno de los Hermanos ha sido enviado para asistirle.

Algunas veces, hay alguien que por su gran pureza pasa a través de este plano sin conocerlo o contactarlo. Esta persona es, realmente, muy afortunada. Las fuerzas en este plano trabajan directamente sobre la naturaleza sensorial y sobre las pasiones del hombre porque es más sencillo llegar allí. Aquellos seres que han perdido el poder, controlados (dominio) por su pasión —rabia o sexo—, se han enredado en el estrado psíquico del pensamiento y sentimiento y han abierto así las puertas de sus hermosos y maravillosos Templos de Dios. A través de estas puertas abiertas se adentran las fuerzas del estrado psíquico, intensificando sus pasiones hasta una condición incontrolable. Más conveniente para él habría sido que el individuo pisara una serpiente de cascabel. Una vez envuelto en esta esfera psíquica, con mucha frecuencia quedan atados durante muchas encarnaciones. ¿Por qué ocurre esto? Porque hacen grabaciones en sus mundos mentales, de las cuales no saben librarse. Por ende, estas almas nacen de nuevo con las mismas tendencias hasta después del segundo y tercer nacimiento. Son las criaturas depravadas que se pueden encontrar en cualquier lugar en el que uno se encuentre.

Muchas veces la influencia es lo suficiente maligna

como para esconderse del mundo exterior durante largo tiempo, ejecutando su obra nefasta en secreto, y esta es la parte más lamentable de esta situación, que aparenta estar escondida pero que no lo está.

En los altos planos hay grandes y hermosas almas que de manera voluntaria descienden a este plano para ayudar mediante sus radiaciones y desligar a la humanidad. Hay voluntarios masculinos y femeninos, pero casi todos son femeninos.

Algunas veces, hermosas almas que han encarnado en cuerpos femeninos contraen matrimonio terrenal con almas masculinas que están envueltas en la condición psíquica, con el objetivo de liberarlos de este lastre.

Si una persona llega al punto de casarse en boda humana, e invoca al Dios Interior, y le dice: «Si esta boda tiene por base un deseo pasional, que no se efectúe», se pueden prevenir grandes dolores y torturas.

Es momento de enunciar la verdad contenida en todo esto: aquellos que por sus propios esfuerzos o por la enseñanza que reciben llegan a entender exactamente lo que representa «La Magna Presencia YO SOY», es decir, el verdadero Ser de cada uno, si ellos se aferran a esta verdad, nunca más podrán ser arrastrados a estas discordias antes mencionadas, a menos que sea por su propia voluntad llegando a mayores planos de actividad, donde ellos saben exactamente lo que están haciendo.

En los períodos de guerra se abre la puerta más fácilmente al plano psíquico. Es por esto es por lo que se ha observado que tras las guerras hay una manifestación más grande de pasiones incontroladas que en cualquier otro momento.

No obstante, esta información no debe ser causante de particular temor al plano psíquico. Si en algún momento los estudiantes son conscientes de estar atravesándolo, deben rápidamente hacer conciencia: «YO SOY la Presencia Maestra controladora y siempre victoriosa», e instantáneamente se encontrarán con toda la fuerza necesaria para enfrentarse a las apariencias y atravesarlas calmadamente y sin temor.

Jesús recomendó que esta explicación le fuera dada a todos los estudiantes en cuanto entraran a la Radiación Triple, la que significa, precisamente, esta actuación, esta práctica de la presencia «YO SOY» del Padre, Hijo y Espíritu Santo o la Llama Triple.

Astrología: Una de las cosas más lamentables que tengo que decirte es que muchos de aquellos que tratan de hacer horóscopos están de manera inconsciente ligándose a la red psíquica, se están haciendo sensibles y voceros de las condiciones adversas, que existen solo en el plano mencionado.

Esta es una de las actividades más indeseables, porque el individuo está tan inconsciente de que se ha abierto a una creencia que lo envuelve que ningún argumento ni razonamiento será capaz de modificar sus convicciones. En las últimas dos décadas (esto fue escrito en 1932), la astrología ha sido empleada para este propósito más que cualquier otra cosa.

Con frecuencia, el pensamiento o radiación del plano psíquico dice a través de la Astrología que ciertas circunstancias se manifestarán para el individuo y que no podrán evitarse. Si no está dicho en palabras, se hará sentir. Esta es una de las razones que causaron el cataclismo de Atlántida, y es porque los atlantes se negaron a escuchar la voz de los Maestros de Sabiduría que los alertaban.

Yo entiendo, querido estudiante, que si estás interesado en los horóscopos puedes pensar que soy excesivamente severo, pero no es así. Mi amor por ti es lo suficientemente grande para decirte la pura verdad. Si no puedes aceptarla, tendrás que seguir tu propio camino, ya que eres un ser con libre albedrío al cual no tengo deseos de atacar, excepto para decirte que tengo el privilegio de señalarte el camino a seguir.

Aquellos que se atengan con perseverancia a su Presencia «YO SOY» no tienen que temer nunca ninguna de las cosas que les he referido, porque la Presencia «YO SOY» los corregirá, los mantendrá firmes en el sendero verdadero de la luz, remontando la escala de oro con pasos definidos, precisos, hasta lograr su dominio pleno y perfecto.

Te aseguro, querido, que mi corazón sangra por aquellos que son prisioneros de la Astrología, pues están tan ciegos al espinoso camino que recorren que cuando la agonía de estas heridas sea insoportable será cuando ellos invocarán al cielo, y con todo su ser rogarán: «¡Oh, Dios, enséñame el camino verdadero!».

Querido estudiante que con tanto esfuerzo buscas la luz, debes saber que no hay más que una Presencia que es tu invencible Protección, y esta es la Gran Presencia «YO SOY», Dios en ti.

No permitas que tu atención sea distraída por estas manifestaciones exteriores: Astrología, Numerología, Espiritismo o cualquier otra cosa que retire tu atención de la Magna Presencia «YO SOY» que es tu Ser Real.

Si te vuelves a Él en todo momento, Él te conducirá por el Sendero de luz, con esa serenidad que te permitirá entrar al Gran Silencio en la Paz que sobrepasa toda comprensión y donde encontrarás la más grandiosa de toda actividad de Dios, la Presencia «YO SOY» .

Querido, no puedes servir a dos amos a la vez y alcanzar triunfos más adelante. Como tienes libre albedrío, deber escoger. Si eliges lo externo, olvidando la invencible Presencia «YO SOY», entonces, aunque mi afecto te seguirá envolviendo en su gran manto de protección, será necesario esperar hasta que tú mismo decidas regresar al Dios único.

Si eliges tu Presencia «YO SOY» y te aferras a ella, tus luchas concluirán pronto. Te encontrarás circulando en esa esfera de paz, armonía y perfección, desde donde verás al mundo exterior con gran compasión, pero nunca con lástima humana, que ahoga tu propio crecimiento y avance.

Esto nos recuerda el antiguo dicho: «Busquen el Reino de los Cielos y todo lo externo les será dado por añadidura». Ese Reino de los Cielos es la Gran Presencia «YO SOY», tu única realidad, que es dueña y proveedora de todas las cosas creadas y manifestadas.

¿No es extraño, querido discípulo, que se pueda andar tanto tiempo en la discordia y la limitación cuando en todo momento la Presencia Maestra de la Luz, la Presencia «YO SOY» anda a nuestro lado, esperando que nos giremos hacia Ella y recibamos sus radiantes y gloriosas bendiciones de perfección en todas nuestras manifestaciones externas? Este es tu privilegio, querido.

Aunque yo lamento que algunos no sientan todavía la verdadera importancia de su presencia «YO SOY», y que aún busquen las cosas externas, yo me mantengo a la espera, envolviéndolos en mi amor, porque ellos tienen libre albedrío. Es posible que yo sea un poco anticuado, pero cuando veo personas tan buenas y tan correctas, quisiera mantenerlas abrazadas a mí, hasta que sientan la Presencia «YO SOY» en ellas. Pero esto no me es permitido, pues sé muy bien que todo el que siente el deseo de aferrarse a lo externo debe hacerlo hasta que ya no sienta más este impulso.

Los estudiantes tienen que entender que no pueden dividir la atención entre lo externo y la Presencia «YO SOY», porque ello es «la casa dividida contra ella misma» y que tiene que caer, tarde o temprano.

Toda grandeza depende de la Presencia «YO SOY». En Ella está toda la fuerza, el valor y el poder. Ella debe ser el gobierno de la forma. Si estos benditos tan solo se dieran cuenta del gran privilegio que tienen a su alcance, en poquísimo tiempo estarían librados de todo impedimento.

La Verdad de este dictado.

La situación es la siguiente: cuando los estudiantes cuestionan si a ellos les está permitido presenciar estas comunicaciones, tienen el derecho de saber lo que implica este tipo de trabajo. Pero debes saber que es muy poco usual.

Mientras el estudiante no es consciente de que el Dios Único está viviendo en su interior, que es, siempre ha sido y siempre será perfecto, su mente y su cuerpo están en un estado de desajuste. La estructura atómica es un instrumento mecánico cuyas numerosas partes deben trabajar en armonía y perfecta cooperación unas con otras. Los estudiantes no entienden que cuando una labor especí- fica tiene que ser hecha, tiene que haber una preparación definida.

El ajuste necesario del cuerpo y el cerebro del estu- diante puede tomar semanas, meses o años, dependiendo de las necesidades de cada uno.

Jamás en la historia de la preparación del estudiante se la ha permitido entrar al círculo magnético interior del Maestro. A los estudiantes se les enseña la aplicación, pero nunca se acercan al círculo magnético del Maestro.

Tres décadas han sido necesarias para preparar el cír- culo magnético para este trabajo de dictado. No importa cuán hermosa sea la radiación y el amor del individuo, nosotros no tenemos el tiempo con el que prepararlo y ajustar la estructura atómica del cerebro y el cuerpo de los estudiantes en este período de tumulto mundial. No obstante, con su genuina determinación y el uso de la Presencia «YO SOY», se preparan para la Presencia de la Hueste Ascendida.

Por ejemplo, supongamos que hay una persona que tiene grandes habilidades, por su naturaleza del talento, para dar conferencias públicas. Si es que lo van a ayudar los Maestros Ascendidos, el conferencista es preparado durante veinte minutos, media hora antes, encerrado en un tubo de luz en el cual no entra nada más que la radia- ción del Maestro Inspirador.

Capítulo XXIII
Preparación de la Pascua
(Por el ascendido Maestro Jesús)

Cuando yo estaba en Judea, hablaba con la autoridad de la Presencia «YO SOY», reconociéndola como el único Poder e Inteligencia en acción o que pudiera actuar. Yo era consciente de la actividad externa de las mentes en la humanidad que me rodeaba, pero como ya he mencionado, fue solo cuando comencé a emplear la afirmación: «YO SOY la Resurrección y la Vida» que se me reveló completamente la plenitud de mi misión y la mejor manera de cumplirla. Dentro de ti también está esa misma Presencia «YO SOY» que yo empleé para perfeccionar lo que a la humanidad en ese momento le parecían milagros. Este es el punto que quiero reafirmar hoy en ti. Puedo asegurar que yo no estaba más que poniendo en acción las Leyes Cósmicas que siempre te rodean y que esperan ser puestas en acción a través de tu dirección consciente.

El error que cometen muchos estudiantes y que retarda su progreso es el sentir que están representando una falsedad al manifestar una perfección que ellos no ven todavía manifestada en su apariencia o actividad. Ante esto les digo, sinceramente de acuerdo con mi Propia experiencia, que debemos admitir la única Presencia, Inteligencia y Poder y luego hacernos dueños de ella, reclamándola como nuestra en cada Pensamiento y Actividad.

Es esta la única manera de que esta Magna Perfección pueda ser incorporada en la plenitud de nuestro uso y hasta en nuestra apariencia externa. El hecho de que esa perfección aparentemente no se haya manifestado no debe ser impedimento para aplicarla y reclamarla como tuya propia, ya que cualquiera que tenga mediana inteligencia puede darse cuenta de que la energía y el principio vital que está usando es DIOS, la Magna Presencia «YO SOY», por ende, esa Presencia, su Poder y Energía está siempre autosostenida.

Al reclamar esta Gran Presencia y su Actividad, estás impulsándola de forma consciente en tu vida, tu casa, tu mundo y tus asuntos. Hoy, así como también en el tiempo de mi Ministerio, la lucha económica parece ser el peso más grande y, no obstante, allí, al alcance de tu maniobrar consciente y la dirección de la gran energía, sustancia y opulencia que te rodea, tienes todo lo que es necesario para atraer esa maravillosa y siempre presente opulencia de Dios.

Cuando tú dices «YO SOY» estás invocando a la acción aquello que llena tus órdenes conscientes. Una de las primeras cosas que se aclararon en mi conciencia fue el poder natural que tengo y que tenemos todos de calificar la energía, de encaminarla conscientemente a que produjera cualquier cosa que la necesidad ordene; todo esto tiene que ser reclamado, ordenado con el esfuerzo determinado y consciente, que sabe en que esta orden consciente está la presencia «YO SOY» hablando y actuando. Por ende, ella tiene todo poder y autoridad para revestir la orden con lo que ella desee.

En la conciencia de que tú eres la Presencia «YO SOY» actuando siempre ya puedes saber que tú eres, en el mismo momento de reconocimiento, un invencible imán de atracción que obliga a cada actividad en el Universo a acudir a ti para cumplir la orden manifestada. La única razón por la que esto podría no parecer cierto es que en alguna parte de tu conciencia haya una sensación de duda acerca de tu capacidad o de tu autoridad, o bien del poder de actuar de la Presencia; pero yo te aseguro que es un placer revelarte estas simples Leyes que, no obstante, son grandes e invencibles en su actividad y que te proveerán del dominio y la libertad por encima de todas estas cosas que parecen montañas de obstáculos en tu camino. A medida que sigas aceptando y usando estas Leyes, te verás logrando dominio sobre los Cuatro Elementos: Tierra, Aire, Fuego y Agua.

Una vez que seas consciente de «la Llama de tu Divinidad», estarás actuando desde el más alto de los cuatro elementos, el Fuego, que es la verdadera actividad del Espíritu.

Así como la actividad consciente es con respecto a la

inconsciente, así es el uso consciente de la Llama con respecto al conocimiento de la Luz. El elemento natural de tu Alma es la Llama. Cuando hay consciencia de que se tiene, se es, se puede usar o dirigir esta Llama Consumidora, se ha entrado al Magno Poder.

Cuando alguien es consciente de que ya tiene dominio sobre los cuatro elementos, lo único que resta hacer es practicar su uso, para que llegue la conciencia de que se puede dirigir el rayo, dominar la tormenta, controlar las aguas y caminar dentro del fuego sin sufrir daño alguno. ¿Cómo pretendes usar algo antes de reconocerlo, sin saber que tienes la capacidad de convertirlo en su servidor?

Al practicar su uso, uno se hace absolutamente invencible en su dirección. Necesito reafirmarte, con todo el énfasis del que soy capaz, que se te están dando exactamente las Leyes que yo usé y que todos aquellos que llegan al estado elevado tienen que usar.

Todo en el mundo de adquiere mediante la práctica. Cuando tú conoces estas Leyes y que la Presencia «YO SOY», que eres tú, tiene toda Inteligencia, Poder y Autoridad para encaminar de manera consciente la energía a través de la actividad de tu mente, no temes usarla para curar, prosperar, bendecir e iluminar a los demás.

Destierra de tu mente para siempre que pueda existir egoísmo alguno en tu reconocimiento consciente de que la Presencia «YO SOY» te dirige o te está dirigiendo. No importa lo que tú necesites para tu éxito, si te hace más capaz y te da mayor poder para bendecir. ¿No ves tú que no puede existir egoísmo en el deseo de lograr mayores capacidades y perfección? Y aquello de que individuo alguno tenga que esperar que otro avance para poder ayudarnos es un gran error. Es verdad que nadie puede progresar por otro, pero sí puede ayudarlo inmensamente a reconocer con intensidad que «YO SOY la única Presencia, Inteligencia, actuando dentro de aquel individuo», y esto puede ser seguido por cualquier condición que la persona aparente necesitar.

Amar y adorar a la única y magna presencia «YO SOY» que está presente en todas partes es el primer deber de toda persona.

Tú no eres consciente de cómo en esto hay un privilegio dichoso de amar a tu enemigo al decir tú «YO SOY la única Presencia y Actividad actuando allí», porque si la ignorancia de su mente externa ha generado desorden, dolor y obstáculos y tú sabes que esa creación no tiene poder propio, no hay sino la creencia errónea del individuo que la sostenga, por ende, no tiene poder autosostenedor. Si has tenido la desgracia de generar inarmonía, desorden e impedimentos, ¿no ves tú que tú solo, a través del poder de la Presencia «YO SOY», la Llama Consumidora, invocando conscientemente a la Ley del Perdón, puedes eliminar por medio de esa Llama Vital que eres tú todo lo que has creado erróneamente en tu entorno?

Espero que esto te aclare cómo es que tú mismo puedes limpiar tu mundo del desorden y las creaciones equivocadas. Tú, en forma de Sol, la Luz de la Vida Eterna, juventud, belleza y opulencia, sosteniendo en tu mano para uso instantáneo el Cetro de Poder de la Presencia «YO SOY» que eres tú mismo.

Cuando quieras hablar con autoridad silenciosamente a otro individuo, di su nombre y descubrirás que la ayuda, la energía que le envías será recibida con mucha más facilidad. Es como llamarle la atención a alguien a quien quieres hablar. Luego le transmites tu mensaje. Es esta la mejor manera de enviar energía. Así podrás comunicarte con alguien, incluso si está al otro lado del mundo, como si estuviera en la misma habitación que tú.

Pero si alguien intenta usar este conocimiento para hacer daño a otro, descubrirá que el bólido magnético traspasará su propio cuerpo con la misma intención que envió.

No dudes, hijo querido. Emplea este cetro de tu poder y dominio para sanar, bendecir, prosperar e iluminar, y verás cómo las cosas humanas acuden a cumplir tu más ínfimo mandato.

Capítulo **XXIV**

Mientras la conciencia de los discípulos se eleva a la actividad del elemento Fuego, todo en sus Seres empieza a actuar con una intensidad que ellos no entienden y, cuanto más trabajen en este elemento Fuego, más necesario será que se mantengan en alerta.

El entrenamiento que intentamos darte para bendecir, proteger e iluminar a los estudiantes es el entrenarse uno mismo para estar alerta en todo momento, y aunque todos deben entender y esforzarse en usar la Presencia «YO SOY» para mantener el autocontrol, hay que aprender a mantenerse en calma si algo inesperado ocurre.

Usa esta afirmación con frecuencia: «YO SOY la Presencia en guardia».

Si algo inesperado ocurre, di solamente: «Despediremos esto», y sigue en esa alegre dicha. Intenta no albergar sentimientos, pero ten que presente que «YO SOY la Poderosa Presencia gobernando, la actividad de cada uno».

Dondequiera que haya un centro de Luz de la Intensidad de este foco, está siempre presente el elemento que intentará entrar a través de alguien. Si estás trabajando en la casa, sigue usando: «YO SOY la prueba contra cualquier disturbio repentino». Esto genera una armadura que mantendrá la atmósfera en armonía.

Repite con frecuencia: «YO SOY la Presencia que nada puede perturbar». Sin importar lo que pase, conserva siempre una actitud calmada y alegre.

Si deseas ayudar a alguien, di: «Mira, compañero, a través de la Presencia «YO SOY», te doy el poder de controlar eso». El gran Amor y la Armonía dentro de los corazones de los estudiantes, sostenidos durante un período de tiempo suficiente, hace que casi cualquier cosa sea posible. ¿Sientes la gran ola de paz y alegría que llegó a ti como la brisa de una mañana de primavera? Te lo explicaré para que veas cuán ilimitado y maravillosos es ese cuidado afectuoso.

El Gran Maestro que Jesús contactó, el cual lo ayudó a obtener la Victoria, es el mismo que fue mi Maestro, y fue Su Radiación la que nos llegó ahora. Él desea que Yo te diga que «a medida que avances en el camino de la Luz, encontrarás que la manera más fácil de sobrellevar un inconveniente es la de darle la espalda a la cosa y olvidarte de ella». Ya te diré el nombre de este Maestro más tarde.

Para las actividades erradas, repite: «Esto no es correcto» y después rápidamente pásalo. Esto elimina la perturbación que puede estar creciendo.

A medida que nos acercamos a la Luz, nos convertimos en una gran familia. Sabiendo que solamente hay «Una Gran Presencia YO SOY» en todas partes, tú, siendo la individualización de Eso, sabes que únicamente puede haber una gran familia, Hijos del Dios Único.

Es importante que, primeramente, tengas un gran entendimiento de esto: Si un hombre valioso es muy crítico, dile con una certeza bien definida: «No hay nadie que desee inmiscuirse en tu libre albedrío. No nos molesta el cuestionamiento sincero, pero no toleramos la crítica ni las discusiones».

El Mensajero debe negarse a recibir las cosas discordantes, emanando el elemento Amor para que aquellas sean consumidas. El Mensajero debe estar fortificado, porque si no el trabajo quedará a medio hacer. Ninguna clase o trabajo del Mensajero puede ser sostenido si él permite que un argumento o un sentimiento discordante sea generado.

Es muy difícil que el individuo común entienda que la manera más fácil de impedir cualquier tipo de disturbio es la de interrumpir la discusión sobre ese punto.

Debes tener muy claro que lo único que requiere tu atención es aquello que se encuentra dentro de tu Aura. Lo que está archivado en tu Atmósfera solamente puede salir mediante tu sentimiento. La palabra verbalizada, a menos que tenga un sentido de condenación o de rabia tras ella, no grabará la inarmonía en tu Atmósfera Interna.

Tú sabes cómo se construye un avispero: pues bien, permíteme decirte que en tu mundo mental pasa exactamente lo mismo que cuando un avispero se construye en el mundo físico.

Es muy importante que hagas algo para evitar albergar un sentimiento contra personas, sitios, cosas o condiciones, porque estas se acumulan y se graban en tu Atmósfera Interna.

Si repentinamente sientes un deseo como «yo desearía que fulanito hiciese tal cosa», transmútalo inmediatamente y di: «Solamente Dios en Acción está allí».

Cuando un sentimiento se registra en tu Atmósfera, permanece allí hasta que lo disuelves o lo consumes. Es siempre el sentimiento el que conforma el Archivo Interno.

No tiene ningún sentido el consumir una cosa si no rompes con el hábito de generar aquello que lo causa. Uno puede conquistar esto sencillamente, diciendo: «YO SOY gobernador aquí». No permitas que tus pensamientos anden desenfrenados.

Con frecuencia, las personas son asociadas o reunidas con el único propósito de obligarlas a enmendar estas actividades sutiles a las cuales la mayoría no prestan atención. Esto consiste únicamente en silenciar lo externo para que la Verdad sea recibida. Esto es vital en la auto-correción del hombre.

A medida que te eleves en conciencia, la energía está esperando la expresión como avalancha, y si esta energía no es controlada, se precipitará con velocidad y ocasionará que hagas cosas que nunca hubieras hecho. Cualquier energía que se te da para tu uso es con el objetivo de que la liberes en el mundo externo con armonía. Tal es la Ley de Tu Ser, la Ley Natural. Si uno no entiende que tiene que gobernar la energía que fluye a través de su persona, esa energía será calificada por esa discordia y, se debe transformar inmediatamente, calificándola de nuevo con Amor. En mi experiencia, si yo encontraba un elemento discordante decía sencillamente: «¡Ajá! Yo cierro mi puerta, tú te quedas afuera».

La energía Universal que fluye a través de ti es de naturaleza armoniosa. Cierra la puerta y reflexiona sobre qué es lo verdaderamente importante.

La humanidad se resiste a personas, sitios, condiciones y cosas porque no se ha perfeccionado. Los estudiantes deben mantener esta armonía autogobernada dentro de ellos el tiempo suficiente para que se cree un impulso que vendría a ser el guardián permanente.

Si mantienes armonía dentro de Ti, te aseguro que atraerás todas las cosas positivas hacia Ti mismo. El indicador que no falla es que, en el momento en que se exprese cualquier tipo de discordia, debes darte cuenta de que eres el único responsable. No necesitas tenerlo por escrito para recordarlo.

En el momento en que hay algo discordante, el indicador nos da la señal de alerta para que trabajemos en nosotros mismo. Cada quien es su propio guardián e indicador en todo momento.

Hay un solo Poder en el mundo que puede enmendar cualquier cosa, y es la Presencia «YO SOY» en cada uno de nosotros. Si nos negamos a reconocer que nosotros somos los creadores de nuestros problemas e impedimentos, ¿cómo entonces podremos enmendarlos o librarnos de ellos?

No hay persona, sitio, cosa o condición alguna que garantice que nunca seremos perturbados con nuestra «Presencia YO SOY» siempre presente, pulsando nuestros corazones en todo momento.

Si uno enmienda esos sentimientos discordantes, dejará que la «Gran Presencia YO SOY» permee su mundo con toda la Perfección. Si el individuo no se enmienda, ¿cómo podrá alcanzar el Triunfo Eterno?

La presencia «YO SOY» es todo el poder del Universo para hacer esa corrección. Deja que la presencia «YO SOY» fluya hasta que lave todo y quedes limpio.

Cuando tu atención se centra con firmeza en la «Presencia YO SOY» que eres, es como si tu cuerpo fuera una esponja muy fina a través de la cual esta Energía Pura se derrama y lo limpia de toda impureza.

Si nosotros frenamos la discordia, el «arroyo de la Presencia YO SOY» automáticamente limpia todas las impurezas. Por ende, tú tienes un poder sin límites en tus manos para intensificar las órdenes adecuadas.

Incluso desde el punto de vista científico, sabiendo que

las células del cuerpo son renovadas en menos de un año, si se cortara la discordia por el mismo lapso la mente y la forma expresarían Juventud Eterna y Perfección.

Acaso por un sentido de falso orgullo o algo similar, la humanidad no quiere enfrentarse a la Verdad de que la causa de todos sus impedimentos está dentro de ella misma.

La costumbre de culpar a otros por lo que nos pasa a nosotros es lo que nos ciega para ver la Verdad y prevenir la autocorrección.

Podemos observar en la tierna infancia un maravilloso ejemplo de esto: hasta que el niño no es lo suficientemente mayor para empezar a acumular la discordia, su cuerpo es hermoso y manifiesta la Perfección. Esta Perfección de forma se mantendrá para siempre si no entra en la conciencia del niño la discordia del mundo exterior. Hay quienes preguntarán: ¿Y qué pasa con el niño que nace enfermo y perturbado? En la mayoría de los casos, esta condición viene de la encarnación previa, o en casos muy extraños, cuando hay una discordia muy intensa entre los padres, y esta puede ser lo suficientemente fuerte para registrarse en el niño. Pero ustedes notarán que en estos casos, a medida que el niño empieza a crecer y desarrollarse, la perturbación se hará cada vez menos evidente. Esa es la prueba absoluta de que la discordia no fue su propia creación, sino que fue impuesta en él por los progenitores, porque su alma fue lo suficientemente fuerte para elevarse por encima de ella.

Sobre este punto en particular, debemos entender las condiciones asombrosas de sugestión que rodean a las personas. Por ejemplo, tomemos el ambiente y la asociación de individuos que tienen la costumbre de andar juntos. En esa asociación amistosa, cada uno es sensible a la sugerencia del otro: si esta es discordante, las asociaciones se romperán tarde o temprano por una gran discusión. No obstante, la mayoría de los individuos que se mueven en el mundo externo no se da cuenta de que están siendo sugestionados, ya sea por asociación, ambiente o condiciones expuestas ante ellos.

La actitud más sabia posible del estudiante que reconoce la Presencia «YO SOY» es la de adoptar rápidamente la posición firme de que «YO SOY protegido invenciblemente contra toda sugestión imperfecta». Así puede construir a su alrededor una atmósfera que alejará todas las sugestiones que busquen introducirse en él provenientes de un elemento destructivo.

Considero necesario llamar tu atención hacia tus viejos libros que enseñaban: «Si a la primera vez no triunfas, inténtalo, inténtalo de nuevo». La única manera de triunfar sobre las limitaciones es la de seguir batallando hasta que se consigue el objetivo. Si tienes dudas sobre tu capacidad de lograrlo, únicamente estás posponiendo tu victoria durante el tiempo que vaciles.

Aquellos discípulos que realmente empiecen a entender que en el reconocimiento y uso de su «Presencia YO SOY» tienen el Poder Universal a sus órdenes, sabrán que es imposible que fallen en su aplicación. Cuanto más lo uses, más conseguirán de su poder sostenedor.

Cada vez que sientas una manifestación del Cristo, repite: «Yo te alabo y acepto la Luz de tu Presencia, la Actividad del YO SOY completa». Ten siempre esta actitud, y después cierra la puerta a cualquier creación discordante e inoportuna de aquello que ya ha ocurrido.

Recuerda siempre que tú eres el amo de todo aquello que venga a tu mundo de pensamiento, y a menos que seas consciente de que tú eres el amo serás susceptible a toda clase de pensamientos y sentimientos.

Para otros, ten presente que «YO SOY la Presencia llevando a (Fulano) al logro de (la condición que desees)». Si prestamos atención a una condición de turbulencia, le estamos dando poder a otra cosa que no es la «Presencia YO SOY».

Capítulo XXV
Día de Navidad

Este día, como representación del Nacimiento de la Actividad Clástica en los seres humanos, siempre nos parece muy hermoso por la conciencia que transmite a la humanidad y a los estudiantes que han reconocido lo que el uso de la Presencia «YO SOY» significa para ellos al poner en acción el Amor y la Inteligencia a sus órdenes, de acuerdo con el uso que le quieran dar a ese Poder Ilimitado.

Tanto tú como muchos otros seguramente se han cuestionado cómo se alcanza la conciencia Crística. El primer paso poderoso radica en el reconocimiento de la Gran Presencia «YO SOY», Dios viviente dentro de ti. El segundo paso consiste en el uso de la Presencia «YO SOY», porque cuando manifiestas «YO SOY», con el conocimiento de lo que esto quiere decir, habrás entrado en ese mismo instante en la Conciencia Crística, sin que esto signifique que de forma inmediata expresarás la plenitud de la Conciencia Crística, porque primero deberás saber hacia dónde quieres ir, y lo que quieres hacer, antes de que puedas lograrlo.

Todos los que han ascendido han seguido el mismo recorrido, y usado idénticamente la misma aplicación, porque todos los caminos llevan al Gran Sol Central, a la Divinidad.

Nuestro querido Hermano Jesús ofreció una de las más grandes bendiciones para la humanidad, no únicamente dándonos el ejemplo de su nacimiento y alcanzando la Ascensión, sino también dejando el Registro Eterno que se mantiene radiante, dado por Él mismo hacia la humanidad. Aquellos que no han ascendido no se dan cuenta de lo que esto significa para la humanidad: un Faro Eterno que los guía hacia la Luz, y con ejemplo de la Ascensión, Jesús estableció definitivamente no solo lo que podía hacerse, sino lo que se hará eventualmente.

Inmensas fueron las maravillas que Él hizo y, no obstante, Él nos hizo la promesa maravillosa de que nosotros podríamos lograr cosas aún más grandiosas. Muchas veces los estudiantes se cuestionan qué cosas más grandes de las que hizo Jesús pueden hacerse, pero Él nos dice que únicamente hizo unos pocos de los tantos servicios Universales que se les pueden brindar a nuestro hermanos humanos.

Para nosotros, este día siempre representa el comienzo consciente del más extraordinario de todos los logros: la Ascensión. En el momento en el que el hombre se hace consciente de esta verdad, el proceso de su propia Ascensión ha iniciado, y tomará más o menos tiempo de acuerdo con las plenitud de su capacitación en esta Verdad.

En mi experiencia, cuando yo me di cuenta de lo que esto significaba y empecé a hacer uso de la Presencia «YO SOY», descubrí tras un corto periodo que estaba fuera del tiempo y del espacio; y cada día que pasaba, a medida que me adentraba más en esta expansión de conciencia, me fui haciendo consciente de que todas las cosas que anhelaba estaban dentro de mi alcance, y nótese bien, justo dentro de mi poder individual gobernante; y con esto vino la conciencia de que «el Año Divino es la Poderosa Fuerza cohesiva» que mantiene todas las cosas juntas y en su sitio, que este Amor Divino dentro de mí, el cual había empezado a aprender, me había convertido en un imán invencible que atraía todo aquello que pudiera desear.

Esta sencilla Verdad, tan poderosa, es una de las primeras que adquiere el estudiante, y hace que comprendamos que ciertamente podemos superar todas las limitaciones aparentes en nuestro entorno y, luego, nos damos cuenta de que, en efecto, han desaparecido una por una.

Luego llegan el gran empuje y la provisión abundante de este poderoso Yo Interno, que contiene la sustancia de todo lo que el corazón puede desear dentro de Su Propio Abrazo. Reconocer bien tu capacidad y autoridad de calificar y moldear esta sustancia es lo que hace que esta tome la forma de lo que necesites, sea esto paz, amor, oro o iluminación.

Yo te digo, querido estudiante: «Despierta a tu autoridad, a tu derecho, a tu habilidad consciente, a aplicar esta Gran Ley a tu perfecta salud, juventud eterna y belleza, las riquezas de Dios, la glorificación de tu mente y cuerpo, y después a ascender al Dominio Elevado hacia tu Eterna Libertad».

Cuando empieces a darte cuenta, paso a paso, de que lo estás consiguiendo, irás olvidando todo ese condicionamiento externo que surge a tu alrededor, y gozarás el sentimiento glorioso de estar sujeto en el Gran Abrazo de esa Poderosa Presencia-Maestro Interno, que está por encima del Tiempo y del Espacio.

Debes ser consciente de que tú eres el amo y tienes dominio sobre tu Vida y sobre tu mundo, y esto ocurre en el instante en que reconoces que esa Energía, Poder e Inteligencia que estás usando es la Poderosa Presencia «YO SOY». ¡Qué afortunadas son esas individualizaciones sobre la tierra cuando se dan verdadera cuenta de esta Verdad!

Jesús dijo: «Conozcan la verdad, porque ella los hará libres». Esta es una de las máximas más poderosas de esa Verdad. Aplícala, ¡oh, querido mío!, con toda determinación, excluyendo de tu mente toda incertidumbre, y te elevarás firmemente por esa escalera del triunfo magnífico; y cuando te des vuelta y contemples cada escalón subido, más y más brillará ese resplandeciente esplendor y entonces te preguntarás: «¿Cómo pude haber estado tanto tiempo en las tinieblas, cuando sobre mí estaba la Poderosa llama de la Vida, lista para consumir instantáneamente?».

Te digo, querido mío, que no debes esperar indefinidamente cuando ya estás en el conocimiento de esta Poderosa Presencia. Pon tus brazos alrededor de Ella con toda la adoración que puedan ordenar, y Ella te elevará rápidamente lejos de todos los impedimentos aparentes, vistiéndote en ese inconsútil ropaje de cristal esplendoroso, con esa Luz Radiante y sostenido con un cinturón de piedras preciosas, que tienes derecho a llevar, y en tu mano ese Cetro Esplendoroso del Dominio, el reflector de tu poderosa alma, el cual puedes dirigir sobre cualquier cosa, sitio o cumbre y atraer hacia ti la revelación desde su interior. Ese, querido hermano y hermana, es el cuadro del triunfo que nosotros hemos usado y alcanzado. Sabemos que eso es lo que puedes alcanzar, porque nosotros lo hemos logrado.

Nunca desistas de la conciencia de que: «YO SOY la Presencia ascendida», y cuando tú manifiestes esto, ten presente que: «Es la fuerza autosostenida que emana por medio de la cual puedo alcanzar el dominio completo».

Me alegra mucho estar de vuelta en el hogar nuevamente, por la dicha de tu corazón, al ver todos los peldaños de la escalera que ya has dejado atrás, y porque ya tienes la conciencia consciente de que puedes alcanzar el más grande de todos los regalos de Dios, la Plenitud de Él.

HABLA CHA ARA

Con inmensa alegría te comunico, también, unas pocas palabras por el Rayo de Luz y Sonido, para responder en persona las numerosas llamadas de los corazones de Cha Ara.

Me he reído mucho, a carcajadas, durante mis visitas a los estudiantes, que desean con tanto fervor que me haga visible cuando todavía hay muchos de ellos que, ante el mínimo movimiento no usual, retienen el aliento por temor a que yo actúe. Es gracioso observar cómo, a pesar de que la actividad externa del yo desea tanto algo, al mismo tiempo experimenta toda clase de sensaciones aterradoras. Pero, querido mío, te aseguro lo siguiente: «No puedo aparecerme tan horroroso como ustedes piensan, así que por lo menos confíen en que tendré una forma o apariencia agradable y, al mismo tiempo, para beneficio de las amadas hermanas, haré todo lo posible por traer conmigo un ramo de rosas».

Pregunta: ¿De Cachemira?

Respuesta: Eso sería muy apropiado.

Pregunta: ¿Por qué no de su propia fabricación?

Respuesta: Eres espabilado. Yo no necesito comprarlas como tú, porque tengo el privilegio de crear las mías.

Mi recomendación para ti es encomendarte y presionarte a que sigas siendo esa maravillosa, gloriosa presencia de Amor y buena voluntad, no únicamente para con nosotros, sino también para contigo mismo, ya que forma una maravillosa condición en donde la expansión de la conciencia progresa en saltos y brincos enormes.

Te recomiendo que albergues sentimientos de seguridad al aceptar nuestra «Presencia» y la conciencia de la capacidad para aplicar la Ley de la Presencia «YO SOY» dentro de ti mismo, porque está avanzando con gran velocidad.

No te desilusiones en tu llamado para nuestra apariencia visible. Nuestro oído funciona perfectamente bien, te lo aseguro, y hay en la llamada algo que necesitas. En la llamada para la manifestación de una cosa hay una cierta acción vibratoria que el discípulo necesita, que no puede ser explicada, excepto cuando se ve desde la Acción Interna.

AMÉRICA

¡Oh, las Américas! ¡Preciosa joya en la corona, la diadema de la Tierra, esa flor de sabiduría antigua y luz! Nuevamente volverás al poder de tu florecimiento pleno, a pesar de todas los obstáculos aparentes y de las apariencias presentes que digan lo contrario.

«En tu alma, ¡oh, poderosa América!, está el poder de librarte de la máscara que se ha adherido a ti, la máscara de egoísmo y de la creación de la actividad externa de la mente de seres humanos dormidos. Así, volverás a la plenitud de la Luz que es tuya por derecho de nacimiento.»

Querido estudiante de esta radiación, no importa cuál sea la apariencia en la actividad externa, no permitas que esa apariencia se encuentre en tu conciencia o en las sugestiones de otros en lo referente a América.

Mantén la calma en tu dominio dado por Dios, conociendo la Verdad, viendo a América libre, gobernada por el Amor Divino y la Justicia.

La red de fuerza maligna de la tierra que aparentemente ha envuelto a América encontrará todavía la «Espada de la Verdad y de la Luz», que rasgará esa red en todo sentido, haciendo de ella una Cruz de Libertad, de Luz y de Justicia sin límites.

Lo más valioso que cualquier persona puede hacer en su vida por aquellas cosas en las que no puede ayudar es cerrar sus ojos a la apariencia de estas, reconocer y poner en acción el poderoso poder de la presencia «YO SOY».

¿No ves, querido estudiante, que no tiene sentido seguir aceptando la apariencia, a través de la sugestión o de otra manera, de que tú no quieres nada, sea en lo nacional, estatal o personal que no tenga la apariencia de Perfección, sabiendo que tienes tan extraordinario privilegio de poner en actividad la Poderosa Presencia «YO SOY» para corregirla?

La costumbre de la humanidad ha sido siempre ver la imperfección donde nosotros vemos perfección. Ahora, en el reconocimiento de la Poderosa Presencia «YO SOY», acepta plenamente su perfección en cada momento del día. Esto no quiere decir que trabajes en esto sin descanso, pero puedes, por lo menos una vez cada hora del estado de vigilia, manifestar: «Yo acepto la actividad plena de mi Poderosa Presencia YO SOY».

Cada vez que manifiestas esto, estarás poderosamente aumentándola en la actividad externa, porque ya la usas, y entonces, ¿por qué no reconocer todo el tiempo quién y qué es lo que estás usando, dándole así el dominio que Ella desea manifestarte?

Así podrás poner en acción este poder invencible para la libertad, protección y bendición de las Américas. Aún no puedes ni imaginar la poderosa potencia y el poder de ajuste que esta puede generar cuando es puesta conscientemente en acción por una o más personas que reconocen Su Poder Invencible Universal.

Ahora, quiero sugerir que en vez de atender las lamentaciones constantes de toda clase de actividades destructivas, seas consciente de que la Presencia «YO SOY» las consume, y recalifica toda esa energía con Libertad, protección y Perfección para las Américas y el planeta entero.

A manera de estímulo quiero decirte que todos esos seres hermanos que empezaron la causa de esta condición presente no podían predecir que todo esto se iba a salir de control, y a través de esto muchos de ellos han perdido la habilidad externa de seguir alimentándola. Así que aquellos que están tratando de atraer la prosperidad otra vez mediante el uso ilimitado de certeza descubrirán que las cosas se saldrán fuera de control, pero en vez de una prosperidad temporal, las cosas pasarán rápidamente a la prosperidad verdadera.

Ahora, como en todo momento de aparente caos, la paz vendrá a la Tierra, la buena voluntad al hombre, y la Luz del Cristo que se esparce en los corazones de los individuos, que se adentra en la Tierra, atraerá a sí mismo lo propio.

Por tu propio bien, querido estudiante, yo te pido que no discutas las cosas discordantes más de lo que es necesario para entender una situación. Después dales la espalda por completo, y nunca permitas que llamen tu atención otra vez, porque te aseguro que aquello con lo que juegas en tu conciencia encontrará expresión en tu vida y mundo. Así que llénala con la Gran Presencia «YO SOY» que contiene la poderosa realización de cada uno de tus anhelos.

Observa esa perfección, la perfección plena de su actividad, por doquier en tu vida y mundo. No te dejes influir o perturbar por la creación de otros que tú no puedes ayudar de ninguna manera, excepto observando la perfección, sabiendo que detrás de toda sombra aparente está la esplendorosa luz blanca de la presencia «YO SOY»

Esto, querido mío, es el saludo que te ofrezco para esta estación del año. Para terminar, mi madre y otros de la Hueste Ascendida, algunos que tú no conoces, pero que te conocen a ti, te mandan sus saludos de Amor, Paz, Opulencia y Fuerza, con el propósito bendecirte en el camino del triunfo final.

Quiero decirte unas cuantas palabras a modo de cierre, y es que les exijas a los estudiantes que reconozcan que cuando ellos dicen: «YO SOY» para hacer cualquier cosa que deseen, no están solamente poniendo en movimiento la Gran Presencia «YO SOY» en acción para cumplir este mandato, sino que tienen que sentir sinceramente que Ella contiene dentro de Sí el Poder Autosostenido, Autoemanado y Autoexpandido.

Repetir es bueno, y muchas veces hace falta para producir una convicción más profunda en el presente avance de los estudiantes, pues ellos deben hacerse más conscientes del poder innato, inherente, autosostenido de esta. Esto daría a la conciencia externa una comprensión más extensa del poder sostenido, para que así, aunque la actividad exterior esté ocupada en otros quehaceres, esta mande la descarga hacia cualquier realización una vez cada hora sin interferir en lo absoluto con el trabajo del estudiante.

Es una equivocación muy grande la del discípulo que deja registrar en su mente la idea absurda de que no tiene tiempo para esas cosas, cuando únicamente toma un instante realizar poderosamente la actividad potente e invencible de su presencia «YO SOY» para cualquier cosa en la cual su atención requiera ser usada.

No obstante, esta afirmación puede ser de gran ayuda: «YO SOY la poderosa presencia ordenando el tiempo, todo el tiempo que yo necesite para la realización y aplicación de esta poderosa verdad».

Además, si muchas veces a lo largo del día uno toma la conciencia por algunos momento de que «YO SOY la única inteligencia y presencia actuando», esto ajustará las cosas de una manera natural de acuerdo a lo que sea necesario. Es muy sencillo poner la conciencia en movimiento, sabiendo que uno no está restringido por ningún sentido de limitación.

TEMPLOS DE LUZ

Están ubicados en el Cinturón Etérico, encima de la Atmósfera de la Tierra. La radiación emana desde este Cinturón hasta la tierra a través de su atmósfera. El Cinturón Etérico alrededor de la Tierra es muy distinto al que está alrededor de Venus. Venus está dentro del Cinturón Etérico, mientras que la Tierra está por debajo de él.

Advertencia: No le otorgues reconocimiento a nadie que sea una herramienta para la fuerza maligna. Únicamente piensa que: «Solamente existe la presencia YO SOY, inteligencia, luz y poder actuando». Tú no debes inmiscuirte en ninguna actividad personal de ninguna especie en ningún momento.

La tarea del estudiante es ver la perfección, sentirla y serla, sin importar cuál sea la apariencia humana.

Capítulo XXVI

Cada estudiante debe recordar con absoluta certeza que en este poder vivificante de la Presencia «YO SOY» dentro del Ser, todo lo positivo o lo negativo es activado si hay latentes en la conciencia rebeliones, resentimientos o la inclinación a juzgar. Todo esto saldrá a la superficie para ser consumido, y te puedo asegurar, sin duda alguna, que a menos que consumas de manera consciente aquello que surge a la superficie, eso te consumirá a ti.

Si en un momento percibimos que nos estamos dejando llevar por la ira, debemos tomar las riendas y decretar el mandato a través de la Presencia «YO SOY», manifestando que aquello sea gobernado con armonía. Ahora, déjame recordarte una vez más que lo más importante en tu progreso es la autocorrección, y que no hay persona, lugar, condición o cosa a la que se pueda responsabilizar por lo que uno mismo insiste en alimentar. Esto es imperativo para tu progreso futuro, si has llegado a un punto donde tales condiciones sutiles se producen, hay que ponerlas muy en claro y que se entiendan muy bien, porque si no te enfrentarás a condiciones que no serás capaz de controlar.

Te digo, nuevamente, que debes estar muy satisfecho por los avances que has hecho en tu propio control y tu completa aceptación de estas grandes leyes de la vida, además de tu plena voluntad de aplicar el gran látigo de la autocorrección, porque también te digo, sinceramente, y te hablo desde la experiencia, que la actividad externa que llamamos humana debe ser castigada sin titubeos antes que sea traída a la sumisión del mandato divino. Si yo te di el uso del Rayo o la Llama a través de la mano, es porque las mentes de algunos se están entonando o afinando más rápidamente de lo que está siendo elevada la estructura atómica del cuerpo. Esta actividad de pasar la mano por encima del cuerpo mantendrá el balance de la vivificación de la mente y la elevación de la estructura atómica.

Es de mi agrado el brindar toda ayuda posible a los estudiantes, y lo hago con la mejor intención, pero hay ciertos límites que no puedo sobrepasar, porque los estudiantes deben avanzar por sí mismos en su conciencia; no obstante, debo advertir que no pueden ofrecerle a la Presencia «YO SOY» una atención dividida (parece que el Maestro se refiere a aquellos que, entrando ya a practicar la Presencia «YO SOY» y el Cristo: Dios en vosotros, también suelen consultar el espiritismo y la brujería), pues esto equivale a mandar un chorro de energía para darle poder a estas cosas que son negativas, y únicamente se está ralentizando el avance.

Hablo desde la experiencia. No es posible dividir la atención, compartiéndola entre la Presencia «YO SOY» y las cosas exteriores, si es que se desea trascender más allá de lo común.

No es mi intención causarle ningún choque a ningún estudiante, pero debo hablarles con la verdad: si los queridos estudiantes que han llegado hasta este punto no son capaces de dedicar su atención plena a la Presencia «YO SOY», ignorando toda otra forma de oración o tratamiento, se estarán cerrando la puerta de nuestra asistencia por largo tiempo. Esto no pasará si los estudiantes, siguiendo las instrucciones dadas, se esfuerzan sinceramente cada vez que la atención se les va y la regresan con firmeza, manifestando: «Le doy todo Poder a mi Presencia YO SOY que soy, y me niego para siempre a aceptar cualquier otra cosa».

Quiero preparar a los estudiantes, porque llegará un momento en el que no tendrán el sostén de nuestros mensajeros, sino que deberán apoyarse en sus propias capacidades de agarrarse con mano firme a su Presencia «YO SOY», de manera que siempre reciban su gran poder sostenedor.

Es una equivocación, e inútil además, que algún estudiante, después de recibir meses de enseñanza, se permita cada día o cada cierto tiempo dejarse caer en depresión y en dudas del poder interior o de su capacidad para aplicarlo. Esta actitud mental infantil, si no es enmendada, cerrará la puerta a la Verdad con el tiempo.

Cada discípulo debe tomar una actitud positiva en el

momento en que una discordia de cualquier tipo pretenda adentrarse en su mente, y debe asegurar su dominio manifestando: «YO SOY la Poderosa Presencia que gobierna mi Vida y mi Mundo y YO SOY la Paz, la Armonía, y el Valor Autosostenido que me llevan serenamente a través de todo lo que pueda confrontarme».

No obstante, es sumamente importante que los estudiantes tengan el beneficio de los manuscritos, que debemos interrumpir la enseñanza hasta que estos sean terminados, pues es la capacidad de los estudiantes de entender lo que dicen los manuscritos lo que hará que el gran Juez determine qué es lo próximo a enseñarles. No podemos, en ninguna circunstancia, llevar al estudiante más allá del punto en que él se siente bien fortificado.

Debo decirles a sus estudiantes, para su protección, que si se les manifiestan ciertos fenómenos deben permanecer en calma, ecuánimes y sin impresionarse, perseverando calmadamente y sin permitir que estos distraigan su atención, porque siendo tantos, no faltarán quienes hayan generado energías de estados de conciencia pasados que puedan producir esos fenómenos, y en ese caso deben declarar con firmeza: «YO SOY la Presencia que gobierna esto y que lo utiliza para su más alta expresión y uso».

Te aseguro que no es necesario que desees que ocurran manifestaciones sobrenaturales, porque el progreso natural de tu Ser causará copiosas manifestaciones cuando te llegue su momento: pero advierto que no me refiero a las apariciones de los Maestros Ascendidos, porque eso es algo completamente distinto y no debe interpretarse como fenómeno. Ahora conviene que se haga esta afirmación: «Gran Presencia YO SOY, llévame dentro de ti e instrúyeme, y haz que yo retenga la memoria completa de estas instrucciones interiores».

Como Mensajeros de la Luz, el entrenamiento que representa esta afirmación es fundamental, pero no debe causar ni ansiedad ni tensión en el deseo de retener esa instrucción en la memoria, porque tal comportamiento podría cerrar la memoria exterior.

No puedo menos que alegrarme al ver que algunos estudiantes están a punto de experimentar cosas extraordinarias, pero confío en que siempre se mantendrán en calma, sabiendo que «YO SOY la única eterna y autosostenida Vida en Acción», y que borren para siempre de su conciencia que existe en todo el Universo la llamada muerte. La actividad externa de la mente y el mundo es un maya que pasa y se mueve como las arenas desierto, y no deben producirle a nadie ningún temor, porque «YO SOY la vida eterna que no tiene comienzo ni tiene fin».

Del corazón del Gran Silencio nace la corriente de vida incesante de la cual cada uno de nosotros es una parte individualizada. Esa vida eres tú: eterna, perfecta, autosostenida; y las ropas con las que te vistas importan poco hasta el día en que llegue el momento del reconocimiento; en este momento el individuo se ha preparado para llevar el «manto sin costuras», autosostenido y radiante, con todos los colores del espectro.

Entonces puede uno alegrarse con ese manto que es eterno, siempre radiante, inmutable, que lo aleja de la rueda de causa y efecto, haciendo de él un ser únicamente de causa. Esa causa es la radiación del Amor Divino siempre emanando y evolucionando de su consciente, equilibrado, estabilizado, radiante centro divino, es decir, el corazón de la Presencia «YO SOY», que es juventud y belleza eterna, la toda sapiente Presencia que contiene en su autoconsciente; acción, el pasado, el presente y el futuro, que realmente no son sino el eterno ahora. Así, tal es la eterna eliminación de todo tiempo y espacio. Entonces verás que tu mundo está poblado de seres perfectos, tus edificios decorados con joyas selectas, tú de pie en el centro de tu creación («la joya en el corazón del loto»), siendo sus pétalos las grandes avenidas de su actividad perfecta.

Este es el humilde cuadro de aquello que está en tu porvenir, llamándote a que entres en tu perfecto y eterno hogar y radiación. Yo siento esa radiación gloriosa, y si logras concentrarte en la presencia del Amor Divino y mantenerte allí con firmeza, ¡qué maravillosas vivencias te vendrán, si pudieras tan solo dejar afuera los impedimentos de la actividad exterior mental!

Apenas uno adquiere la actitud de «YO SOY la presencia del Amor Divino en todo momento» hará esas cosas maravillosas.

El usar esta afirmación, si se siente sinceramente, cierra la puerta en todo momento a las actitudes externas de la mente. La solución de cada problema está siempre a la mano, porque la Presencia «YO SOY» contiene siempre todas las cosas dentro de ella.

Una demanda es impulsar a la petición a que se manifieste. «YO SOY» es el principio activo inteligente dentro de nosotros, el corazón de nuestros seres, el corazón del planeta y el corazón del sistema. No puedo evitar recordártelo una vez más, porque debes siempre saber que cada vez que manifiestas «YO SOY», estás liberando una materia prima autosostenida, todopoderosa, única e inteligente energía. Persevera y te elevarás a una condición suprema y maravillosa.

Cuando tú miras el sol físico, en realidad estás mirando al gran Sol Central, al propio corazón de la presencia «YO SOY». Debes tomar la determinación incondicional de que «la Presencia YO SOY gobierna completamente este cuerpo físico, y lo obliga a la obediencia». Mientras más atención le des a tu cuerpo físico, más se hace dueño y más te pedirá y seguirá dándote órdenes.

Cuando el cuerpo físico padece una enfermedad crónica o está continuamente manifestando molestias, comprueba que se le ha dado atención especial por un largo período de tiempo a una u otra perturbación, y nunca sanará hasta que no tome la actitud positiva y se le obligue a la obediencia. Tú tienes la capacidad de producir, positivamente, todo lo que desees en tu cuerpo, si centras tu atención en la perfección de él, pero no permitas que tu atención se centre en sus aparentes imperfecciones.

Para la ascensión: «YO SOY la Presencia que ordena». Repite esto con frecuencia, pues calma la actividad exterior y te permite concentrarte en la actividad del amor.

En el momento en que tú sientas algo discordante, gira para otro lado: tienes el cetro de Poder en tu conciencia, ahora, ¡utilízalo!

Es tu deber seguir la orden de Jesús, no mires a ningún hombre de acuerdo con su carne. Esto quiere decir, justamente, que no reconozcas imperfección humana en pensamiento, sentimiento, palabra o acción.

Algo muy poderoso ante los problemas es la simple conciencia de «Dios en mi Presencia YO SOY: manifiéstate, gobierna y resuelve esta situación armoniosamente». Obrará milagros, pues el todo es invocar de forma inmediata la presencia «YO SOY» y ponerla en acción.

Jesús dijo: «Pide y recibirás; busca y encontrarás; toca y te será abierto». Dile, entonces, a tu Ser Divino «¡óyeme, Dios! Ven aquí y cuídame esto». Dios anhela que tú lo pongas a trabajar. Esto abre el flujo a la energía Divina, la inteligencia y la sustancia que se impulsa a cumplir la orden.

Capítulo XXVII
Víspera de Navidad
(Por el amado Maestro Jesús)

Te traigo Amor y saludos de parte de los muchos que integran la Hueste Ascendida, de algunos a los que conoces y de otros a los que ya conocerás.

«YO SOY la Luz, el Camino y la Verdad»: esta es la campana de Navidad que aún suena por el campo de la Actividad Cósmica. En la comprensión que te ha sido otorgada, y en el significado y poder de las palabras «YO SOY», encontrarás un Círculo Encantador en el cual podrás moverte sin que ninguna operación humana discordante te pueda perturbar. No se trata únicamente de conocer la Presencia, sino de ponerla en práctica hasta en la más sencilla actividad; pues cuando tratas con una experiencia que no te resulta familiar, muchas veces te sientes tímido e inseguro, pero cuando aprendes a usar el «YO SOY» para resolver tu deseo o inconveniente, descubrirás que tu seguridad crecerá y la aplicarás con confianza plena. Debes entender siempre que es en el «Gran Silencio», o quietud de lo externo, que el Poder Interno fluye en su creciente logro, y pronto serás consciente de que hasta cuando pienses en el Poderoso Principio «YO SOY», sentirás un incremento de fuerza, vitalidad y sabiduría que te permitirá progresar con un sentimiento de Maestría que algún día te abrirá las puertas a través de los impedimentos de la creación humana, hacia la inmensidad de la verdadera Libertad.

Vemos con frecuencia en tu corazón el deseo de una prueba, una manifestación sorprendente que te daría fuerza para seguir adelante en el sendero. Yo te aseguro, querido hijo de la Luz, que cualquier prueba dada fuera de tu ser es temporal: pero cualquier paso aprobado en y a través de tu propia aplicación consciente es un triunfo eterno, y mientras sigas ganando la Maestría mediante tu aplicación autoconsciente, no únicamente estás consiguiendo las cosas que tienes en las manos, si no que estás elevando tu conciencia también, hasta que muy pronto te darás cuenta de que todas las aparentes barreras han caído.

Es así como la puerta de la limitación será sellada por toda la eternidad, y así como mi forma externa fue clavada a la cruz. De la misma forma tú, con tu conciencia ascendente, clavas y sellas la puerta de las limitaciones autocreadas, y sientes y conoces tu dominio.

Si te sientes vitalmente deseoso de hacer la Ascensión, yo te pido que repitas la siguiente afirmación a menudo: «YO SOY la Ascensión en la Luz».

Es de vital importancia que entiendas que, a medida que vivas dentro y aceptes plenamente el Poder Trascendente de la Presencia «YO SOY», descubrirás que no únicamente la lucha externa para, sino que, como te has adentrado más profundamente en la Luz, las cosas externas que siempre has buscado ávidamente comenzarás a buscarlas verdadera y realmente, porque entonces te darás plena y verdaderamente cuenta de la irrealidad de la forma y su actividad transitoria. Es en ese momento cuando sabrás que dentro de ti y en la Luz a tu alrededor está todo lo que posiblemente puedas desear, y lo exterior, que ha parecido tan importante, habrá perdido su poder limitador sobre ti. Luego la alegre libertad se manifestará en las cosas externas que te vendrán. Esta es la verdadera actividad de las cosas externas.

A medida que te hagas más consciente de los Poderes Trascendentes que tienes a tus órdenes, sabrás que puedes atraer cualquier cosa que desees sin perjudicar o afectar a otros hijo de Dios.

Esta verdad tiene que ser afincada en la conciencia, porque las almas conscientes deben saber esto firmemente para que no se cuestionen nunca si es justo que tengan éxito cuando alrededor de ellas hay quienes no lo tienen. Yo te aseguro que tu máximo servicio es el obtener la Maestría y la Libertad para ti mismo, pues entonces estarás preparado para dispensar la Luz sin ser afectado por la creación humana en la cual debes moverte. No te sientas nunca triste o perturbado si otro Hijo de Dios no está listo para aceptar la Luz, porque si no encuentra la

Luz de su propia elección, se trata únicamente de un escalón temporal.

Una vez que empezamos a ganar la libertad consciente del cuerpo, entendemos que todas estas cosas son temporales y tienen poca importancia. Pero cuando entramos en la Conciencia Universal o Gran Actividad Cósmica, encontramos que entrar a la Luz es de fundamental importancia. Entonces conoceremos la alegría de la Presencia Interna y Su Actividad Invencible por la cual nuestros corazones se inundarán de alegría.

Poco tiempo antes de darme cuenta de toda mi Misión, esta afirmación estaba vivamente ante mí: «YO SOY la Presencia que nunca falla o comete un error». Supe más tarde que este fue el poder sostenedor que me dio la capacidad de SER la Resurrección y la Vida.

Lamentablemente, algunas de las afirmaciones bíblicas han sido veladas por el concepto humano; de todas formas me siento muy agradecido, porque muchos han permanecido sin alterarse. Otra afirmación que usé frecuentemente por más de tres años fue: «YO SOY siempre el majestuoso poder del Amor puro que trasciende todo concepto humano y me abre la puerta a la Luz dentro de su corazón». Supe después que esto intensificó mi verdadera Visión Interna.

En respuesta al deseo ansioso dentro de tu corazón, quiero decirte que durante los años en los cuales la Biblia parecía no tener idea de mi actividad, yo iba de lugar en lugar en búsqueda de la explicación de la Luz y la Presencia que yo sentía dentro de mí, y te aseguro, querido estudiante, que no fue con la facilidad y la rapidez con la cual tú puedes buscarla hoy. En aquellos tiempos, todos los que estudiábamos la Verdad estábamos muy satisfechos de recibir la sabiduría de las experiencias no escritas, pues por la naturaleza poco usual de estas, se pensaba que no era armonioso ponerlas ante la multitud.

Así ha sido a través de los tiempos, cuando el período de vivencias trascendentes ha comenzado a desvanecerse en el ayer, y aquellos que siguieron no estaban lo suficientemente avanzados para darse cuenta de esta verdad, ellos se han alejado de las bellas y maravillosas flores de la humanidad.

No obstante, en la actualidad el poder Cósmico Crístico, que se volvió tan real para mí, ha venido para asistir a la humanidad. Este, mediante su impulso natural de expresión, está encontrando su sendero con prudencia y seguridad en los corazones y mentes de un porcentaje de la humanidad, hasta el punto de que hay gran esperanza presente de que esta actividad capacitará para que sea alzado el velo de la creación humana; así, muchos humanos verán indicaciones y maravillas que sentirán dentro de sus corazones. Entonces no habrá dudas o miedos que los separen de la Verdad.

Yo pasé algún tiempo en Arabia, Persia y el Tíbet, y terminé mi peregrinaje en la India, donde conocí a mi Amado Maestro, quien ya había hecho la Ascensión, aunque yo no lo sabía en ese momento. A través del Poder de su Radiación, revelación tras revelación vinieron a mí, a través de las cuales me facilitaban decretos y afirmaciones que me ayudaron a contener la actividad externa de mi mente, hasta que no fueron capaces de perturbarme o de ralentizar mi avance.

Fue por ese tiempo cuando me revelaron toda la Gloria de mi Misión y el Récord Cósmico Eterno que habría de dejar, el cual debía ser instituido en ese momento para bendición e iluminación de la humanidad que vendría después.

Quizás están interesados en conocer que este se convirtió en un Registro Cósmico Activo muy distinto a todos los registros hechos, pues contiene dentro de sí, y lo tiene en la actualidad, el deseo o impulso emprendedor que hace de la mente humana un imán.

Esto explica los decretos y afirmaciones que yo proferí y que se vuelven más vívidos a través de los siglos, y con el impulso emprendedor de esta actividad, asistido por la Radiación de otros Rayos Poderosos enfocados sobre la Tierra, ayudará a una gran parte de la humanidad a que se aferre de tal manera a la Verdad y su aplicación consciente, que un logro trascendente se conseguirá.

Ningún paso es tan importante y fundamental como el poner ante la humanidad la sabiduría del «YO SOY», el origen de la Vida y su Poder Trascendente que puede ser traído al uso consciente del hombre. Será extraordinario ver cómo esta sencilla, pero todopoderosa Verdad, se extenderá con rapidez en la humanidad; porque todos los que piensen en ella, practiquen su Presencia y dirijan de forma consciente su energía a través del poder del Amor Divino, encontrarán un nuevo mundo de Paz, Amor, Salud y Prosperidad abierto ante ellos.

Quienes entiendan la aplicación del conocimiento de «YO SOY» no serán perseguidos jamás por la inarmonía o perturbaciones de sus hogares, mundos o actividades, porque es únicamente por falta de reconocimiento y aceptación de Todo Poder de esta Poderosa Presencia, que el ser humano permite que los conceptos y creaciones humanas los afecten.

El estudiante debe examinar constantemente dentro del yo humano y ver qué hábitos o creaciones que necesiten ser arrancados y arrojados se albergan allí, porque únicamente negándose a permitir que existan hábitos tales como juzgar, condenar o criticar podrá él ser libre. La verdadera actividad del estudiante es la de perfeccionar su propio mundo, y no lo logrará mientras vea imperfección en el mundo de otro Hijo de Dios.

Te hemos ofrecido maravillosas afirmaciones para gobernar con armonía la vida y el mundo. Si las empleas con determinación, serás exitoso.

Otra corrección que quieres que yo haga es la siguiente: Yo no dije en la Cruz: «Padre, ¿por qué me has abandonado?». Lo que dije fue: «¡Padre, cómo me has glorificado!», y yo recibí en la Gloria al hermano que estaba a mi diestra en la cruz.

Hay muchos de estos queridos estudiantes a quienes yo conocí personalmente en el tiempo de la crucifixión y al transmitir este mensaje siento como si estuviera hablando a viejos amigos, porque en esa Gran Presencia Ascendida, los siglos son un incidente nada más y únicamente nos damos cuenta del tiempo cuando entramos en contacto con acontecimientos humanos.

Querido estudiante que buscas la Luz con tanto ahínco: intenta sentirte en mi afectuoso abrazo, busca sentirte vestido en esa Luz tan deslumbrante como el sol de mediodía. Ancla dentro de tu conciencia el sentimiento de tu capacidad para hacer la Ascensión, para que cada día te acerques más y más a la Plenitud de esa Realización.

Corta las ataduras de todo aquello en la tierra que te tenga sujeto. Debes saber que en el Amor, la Sabiduría y el Poder que aceptas de tu Poderosa Presencia «YO SOY» está el poder que hace este servicio trascendente.

No olvides nunca que: «Dios en ti es tu Victoria segura: la Presencia YO SOY que late en tu corazón en la Luz de Dios que nunca falla y por la aceptación de esta Presencia, tu poder para liberar su energía y dirigirla es ilimitado».

Es para mí una gran alegría y un privilegio el seguir en asociación con mi amado hermano Saint Germain, en la labor de mandar, a través de mi Radiación Consciente, una ayuda definida a los estudiantes que puedan recibir la enseñanza de Saint Germain. Esto se mantendrá durante todo el año 1934. No me malentiendas, «YO SOY» irradiará a toda la humanidad, pero en esta radiación a los estudiantes, tengo el privilegio de prestar un servicio especial.

Yo te envuelvo en mi Amor. Te visto con mi Luz. Te sostengo con mi Energía, para que puedas seguir adelante imperturbable en tu búsqueda de la felicidad y la perfección de ti mismo y de tu entorno. Confío en que esto te traerá una radiación que podrás sentir a voluntad a través del año, y que tu éxito te traerá alegría ilimitada.

«YO SOY la Presencia Iluminadora y Reveladora manifestada con Todo Poder».

JESÚS EL CRISTO

Saint Germain:
Deseo transmitir mi Amor, que envuelve como un regalo a cada uno de mis queridos estudiantes, porque el Amor es lo más grande que podemos dar.

Capítulo XXVIII

Aquellos maestros de Venus que visitaron el Tetón Real, y que lo visitarán nuevamente este Año Nuevo, iniciarán una actividad definida para consumir una tentativa sutil de generar y traer otra guerra a la actividad exterior.

Shamballa está soltando los poderes que por mucho tiempo han sido atraídos dentro de su circuito.

La Ciudad Dorada, cuyos Rayos son enviados en todas direcciones, está prestando a la humanidad un servicio que únicamente ella puede ofrecer.

Si la humanidad pudiese conocer y entender estas actividades por lo que son, se generarían cambios tan extraordinarios en el mundo externo que ni siquiera los más avanzados podrían imaginarlos.

En el Día de Año Nuevo, la Rueda Cósmica del progreso habrá llegado a un punto con respecto a la actividad personal que dejará a un lado mucho del libre albedrío del individuo, lo que traerá una dicha y una esperanza indescriptibles a la conciencia de aquellos que sirven desde estas esferas trascendentes de actividad.

¡Oh, estudiante de la Luz! Espero que entiendas que esta asistencia magnífica es tuya y que la tendrás si silencias lo externo y te abres hacia ella. Yo te imploro, querido estudiante, que cierres tu mente a la ignorancia y a las sugerencias inarmoniosas de los seres humanos en todas partes. Yo te aseguro: «La Libertad en todo sentido yace ante tu puerta únicamente si mantienes tu personalidad armonizada y te niegas a aceptar las sugerencias inarmónicas y siniestras de la atmósfera y de aquellos con quienes tienes contacto en la forma mortal».

Es necesario que hagas esto si quieres traer a tu mundo la dicha, belleza, opulencia y perfección de todo tipo. No es nuestro deseo interferir en lo absoluto en tu libre albedrío, pero la dicha llena nuestros corazones cuando vemos a los estudiantes aferrándose fuertemente, entendiendo y aplicando estas Leyes Trascendentes que nosotros sabemos que significan el Triunfo Seguro; y déjame repetirte lo que he dicho en otras ocasiones: «No hay cosa más viciosa en la actividad humana como la personalidad o la sugestión que trata de alejar al estudiantes de la Verdad y de la Luz que será su Libertad».

Sobre esta Poderosa Actividad Cósmica, debes trabajar con gran ímpetu, consumiendo con inmensa determinación toda creación inarmoniosa pasada y presente. Cada vez que tu pensamiento y deseo se manifiestan de esta manera, grandes corrientes de energía vendrán hacia ti para sostenerte y ayudarte. Esto es parte de la asistencia presente asombrosa que es dada a la Tierra. El Observador Silencioso ha esperado 200.000 años para que la Rueda Cósmica llegue a este punto, el Nuevo Año que empieza. Nuevamente te aseguro que nunca en la historia de la humanidad tan trascendente actividad ha estado disponible para correr a tu ayuda. ¡Oh, querido estudiante! ¿No vale esto todo tu esfuerzo determinado para actuar de acuerdo con esta gran bendición, que hace tu lucha por la Libertad de las autocreaciones humanas más felices?

Querido estudiante: mi corazón se alegra plenamente al ver dentro de ti un deseo intenso por la luz, y un esfuerzo determinado para aplicar estas leyes infalibles, que seguramente te darán la libertad en la medida que las apliques.

Te agradezco ese alegre deseo de distribución ilimitada de libros. Hay en este deseo, querido mío, un servicio de gran bendición que tú muy poco puedes entender.

Me siento inmensamente bendecido en este día de devoción al Cristo, al sentir el Amor que me envías, y te aseguro, querido, que volveré a ti dirigiendo todo ese Poder Amoroso para ayudarte, iluminarte y bendecirte.

Claro está que en este servicio especial que Jesús ha decidido hacer, tú estás bendito. Procura sentir esta Verdad Maravillosa con el sentimiento más profundo e intenso que puedas concebir. Abre tus brazos, corazón y mente a la Gloria de esta Radiación, y a medida que hagas esto de una manera más plena y completa, verás qué rápido desaparecerán todas las conclusiones perturbadoras y elementos limitadores a tu alrededor.

Yo te imploro, querido estudiante, que no sigas limitándote por conceptos humanos. Manifiesta y siente tu asombrosa capacidad para usar estas Leyes y encaminar esa poderosa Energía para tu Libertad y Perfección. Intenta comprender que tu forma humana no es una creación densa, difícil de manipular. Procura sentir que es una sustancia transparente que sigue tu más mínima indicación. Habla con tu cuerpo. Ordénale que sea fuerte, receptivo únicamente a la Conciencia Maestra Ascendida, que sea la perfecta expresión del Poder Divino del Poderoso «YO SOY», y que tenga su belleza de forma y expresión.

Examina tus experiencias en búsqueda de la poderosa determinación que has tenido algunas veces para conseguir el éxito en la actividad externa de las cosas, y luego date cuenta de lo que tu determinación puede generar mucho más poderosamente para alcanzar tu Libertad Eterna.

Créeme, querido, cuando te digo: «Tu creación humana es la única que está entre ti y tu Libertad de toda limitación. Esa creación no será un impedimento mayor que lo que tú aceptes que sea. Si le quitas a esa creación el poder de limitarte, a cualquier hora o cualquier día, podrás entrar jubilosamente a través del velo en el mundo de la «Presencia Electrónica», tan bella, tan alegre, tan llena con la deslumbrante Luz de su Gloriosa Presencia y moverte allí para siempre en la Luz de la Gloria Eterna. Después, cuando vuelvas atrás a través de ese velo humano para servir en la actividad exterior, seguirás sintiendo la gloria de ese Ser Trascendente que eres. Entonces la maldad de tu propia condición externa o de los que están a tu alrededor no te tocará o afectará en absoluto».

Todo mi ser vibra en dichosa anticipación por ti, porque yo sé con seguridad definida que se acerca tu júbilo. A aquellos que dejan que las sugestiones de la ignorancia de otros seres humanos los alejen del camino, yo quiero decirles: Recuerden solamente lo que les espera, lo que está dentro de su capacidad para lograr y ser.

Recuerda siempre que a medida que la aceptación de tu Poderosa Presencia «YO SOY» crezca más intensamente, los problemas externos que han parecido tan grandes seguramente se desvanecerán de la apariencia.

Y es que no solamente se resolverá tu problema, sino que cada paso alcanzado de esta manera será firme, y alcanzarás la Libertad Eterna. Si es por libertad financiera que pides, yo imploro contigo para que te quites de la actividad externa de tu mente la apariencia, y la pongas en tu Poderosa Presencia «YO SOY», el único dador de toda la poderosa opulencia que existe. Permanece firme y determinado en esto y conseguirás todo el dinero que necesites.

La vida no te limita, la opulencia no te limita, el Amor no te limita. Entonces, ¿por qué dejar que los conceptos humanos limitadores te sigan sujetando?

¡Querido Hijo de la Luz! Despierta en la poderosa gloria de tu verdadero Ser, avanza hacia adelante como una poderosa presencia conquistadora, sé «la Luz de Dios que nunca falla», muévete, vestido, en la luz de la gloria trascendente de tu Yo Dios y sé libre.

Capítulo XXIX
(Sermón de Saint Germain en el día de Acción de Gracias)

Queridos estudiantes de la Luz:

Hoy es uno de los días más importantes de Acción de Gracias que he tenido en un siglo. Ver cómo la Luz, el reconocimiento y la aceptación de la Presencia «YO SOY» está siendo recibida y utilizada por tantos estudiantes es realmente un motivo de alegría y de Acción de Gracias.

No soy solo yo el que les manda mi Amor y bendiciones, sino también toda la Hueste de Maestros Ascendidos, los grandes Maestros Cósmicos, la Gran Hermandad Blanca, la Legión de Luz y aquellos ayudantes de Venus, que se unen en alabanza y gracias por la Verdadera Luz que está siendo expandida en la humanidad.

YO AGRADECERÍA PROFUNDAMENTE TODA LA ASISTENCIA QUE LOS ESTUDIANTES BAJO ESTA RADIACIÓN PUEDAN DAR PARA QUE LOS LIBROS SE EDITEN Y SEAN PUESTOS ANTE LA HUMANIDAD, PORQUE ESTE ES EL MÁS GRANDE SERVICIO QUE SE PUEDE DAR EN LA ACTUALIDAD.

La necesidad más grande en la actualidad es llamar la atención externa de la humanidad hacia la «Gran Fuente Única» que puede dar la asistencia que se necesita: esta es la Gran presencia «YO SOY» y la Hueste de los Maestros Ascendidos. La atención fija de los hombres en esta Gran Fuente brinda la apertura necesaria para la manifestación de la Gran Luz Cósmica Eterna, para que fluya al mundo externo logrando no solamente la conciencia de los individuos, sino también las condiciones que necesitan muchos de un reajuste.

Deseo que todos los estudiantes bajo esta radiación sientan las responsabilidad individual al respecto, para mantener sus mentes y sus cuerpos en armonía, y seguir llenando sus mentes y mundos emocionales con la Sabiduría y la Perfección de la Poderosa Presencia «YO SOY».

Esto facilitará el trabajo de dar asistencia a la Humanidad, pues de otra manera lo externo, por su condición limitada, no podría concebirlo.

Deseo que cada estudiante entienda y sienta plenamente que los Grandes Maestros Ascendidos y yo estamos listos para brindar tanta ayuda a los humanos como la Ley de su Ser lo permita. Los estudiantes deben mantenerse siempre firmes y no dar poder a otra cosa que no sea la presencia, hasta que la creación humana externa alrededor de ellos sea disuelta y consumida para que entonces la Poderosa Luz, Sabiduría y Poder de la Poderosa Presencia «YO SOY» fluya en sus mentes, seres y mundos con este Glorioso Resplandor, llenándolos a ellos y a sus mundos con esa armonía, felicidad y perfección que todo corazón tanto anhela.

Invito a todos a que hagan un trabajo definido, consciente, de protección para las Américas, para que la Luz Cósmica y la Perfección Eterna envuelvan la Tierra, purificando y consumiendo toda discordia y continúe «bendiciendo a personas, sitios, condiciones y cosas porque es la Actividad Poderosamente Milagrosa trabajando, que nos revelará la prosperidad y felicidad que todos tanto desean».

Esto, querido mío, es lo que significa atraer un Poderoso Foco de los maestros Ascendidos entre ustedes. Solamente a medida que se abre su Visión Interna para ver y conocer la Realidad verdadera podrán tener un pequeño concepto de la Verdad que he manifestado.

Deseo que tu corazón se llene de dicha y que trabajes afanosamente por la salud, éxito y prosperidad de los Mensajeros que han sido los canales a través de los cuales este foco de protección ha sido dado. Son muy desafortunados lo que critican a los Mensajeros o su trabajo: más les convendría no haber nacido en esta encarnación.

Querido estudiante, intenta sentir con toda sinceridad la realidad y las bendiciones infinitas de este trabajo, para que tu mundo pueda recibir el gran premio de esta bendición.

No hay palabras suficientes para expresar lo inmensa

que es mi gratitud por tu esfuerzo sincero y afanoso. Tu capacidad y poder para bendecir y avanzar aumentará mientras te aferres firmemente a y dentro de tu Poderosa Presencia «YO SOY».

Mi Amor te envuelve, mi Luz te ilumina y la Sabiduría de la Poderosa Presencia «YO SOY» te hace avanzar en la plenitud de toda perfección.

El Amor de la poderosa Hueste de Maestros Ascendidos, de la Gran Hermandad Blanca y de la Legión de Luz te envuelven siempre.

«YO SOY» sinceramente en «la Luz».

SAINT GERMAIN

Capítulo XXX
(Sermón de Saint Germain en el Día de Navidad)

Con gran júbilo observamos el inmenso logro individual, nacional y cósmico cuando tenemos el uso de esa Magna Energía y podemos cooperar con aquellas grandes y poderosas corrientes de Energía Cósmica, dirigidas por esa gran y sabia inteligencia. Sabemos que cada paso que damos hacia adelante nos trae más y más cerca de esa poderosa gloria y libertad, que muchos están aprendiendo a sentir y a alcanzar.

Muy distintas son todas las actividades cuando se trabaja en conjunto con esa gran Sabiduría Cósmica que ya no está limitada a restringir su poderosa energía debido al libre albedrío del hombre; en este tiempo las actividades cósmicas de las naciones son de primera consideración, luego viene el hombre.

Antiguamente, ciertas Actividades Cósmicas tuvieron que esperar por causa del hombre. Ahora la Gran Rueda Cósmica ha rodado, trayendo conjuntamente todas las actividades nacionales, emocionales y mentales para la Gran Preparación donde cada diente de la rueda tiene que encajar en la Realidad Cósmica.

Como el libre albedrío del individuo aún limita lo externo, habrá muchos individuos y condiciones que serán como pasados a través de grandes rodillos, para que todas las cualidades inadecuadas sean presionadas hacia afuera y consumidas por el Poder de la Llama Dirigida Conscientemente.

La Poderosa Radiación conscientemente encaminada desde el Gran Sol Central por la Gran Hueste de los Maestros Ascendidos no solamente está teniendo un gran efecto en las mentes y sentimientos de la humanidad en la superficie de la Tierra, sino también muy profundamente dentro de la corteza terrestre. Es por esto por lo que se han podido impedir grandes desastres.

Quiero expresar el Gran Amor, Gratitud y Bendición a los muchos discípulos que han estado proyectando el Poderoso Amor, Sabiduría y Poder de la Poderosa Presencia «YO SOY» en los mundos mentales y emocionales, y les aseguro que un trabajo enorme ha sido realizado: si la humanidad y los queridos estudiantes pudiesen entender de una vez por todas que toda causa radica dentro del mundo mental y emocional, habrán logrado un punto de comprensión en el que sabrán con plena certeza que la actividad externa de la humanidad tiene que ser enmendada para que manifieste el orden perfecto, lo que solo podrá conseguirse cuando la única causa (las actividades mentales y emocionales) sea corregida y dominada.

Debo asegurar a quienes hayan albergado el siguiente cuestionamiento en sus mentes: ¿Es realmente cierto que se ha impedido una gran devastación?, que un día ellos verán y sabrán la Verdad de lo que he expresado.

Desde trescientos años después del Ministerio de Jesús la humanidad ha vuelto a considerar los efectos en vez de las causas de las cosas, y es por eso por lo que no se ha podido dar una asistencia permanente.

Ahora, con la asistencia que la Rueda Cósmica permite, resulta posible traer nuevamente a la conciencia de la humanidad la necesidad de trabajar por la causa, y que así el efecto, puesto fuera de circulación, desaparezca.

Es por esto por lo que el conocimiento de los Poderes de la Poderosa Presencia «YO SOY» está haciendo que los estudiantes trabajen únicamente con la Poderosa Presencia, cuya causa es la perfección plena, cosa que están comprobando muchos de ellos. Cuando tu atención se centre en la Poderosa Presencia «YO SOY», estarás tratando con la única y más poderosa causa, cuya sola y única expresión es la perfección. Por ende, tu mundo se llena inicialmente con la facilidad y el sosiego y, a través de eso, se empieza a sentir la gloria de esa Poderosa Presencia. A medida que esto sucede, uno se da cuenta de que puede alcanzar esta «Poderosa Presencia» de manera consciente, y liberar una avalancha tan poderosa de Su Poderosa Energía, de la que el hombre tiene tiempo solamente de recalificar una parte, con sus impedimentos e inarmonías. Por lo tanto, el poder que se necesita para dar Prueba Eterna al individuo es sostenido. Así, a través del propio esfuerzo auto-consciente del hombre, viene el reconocimiento cada vez mayor de las posibilidades dentro de su captación consciente. Noten que digo captación consciente, porque es solamente a través, primero, del reconocimiento consciente, segundo de la aceptación y, tercero, de la aplicación o, en otras palabras, dirigiendo conscientemente esta Poderosa Inteligencia y Energía Pura, que lo externo o lo humano se mantiene lo bastante disuelto para que lo externo capte verdaderamente estas poderosas actividades.

¡Oh, qué pena que la humanidad haya creído por tanto tiempo y muchos individuos, muy sinceramente también, que se puede remediar el odio, la condenación y la crítica con esas mismas cualidades! ¡Qué vano y lamentable ha sido ese falso concepto! Créeme, ¡oh, hijo de la Luz!, el odio nunca ha sanado al odio y nunca lo sanará. La condenación y la crítica nunca sanaron su igual, porque como les hemos dicho tantas veces: «Aquello en lo que tu atención y visión se fijan, lo estás calificando y forzando dentro de tu mundo a residir y actuar allí».

A pesar de lo que hemos dicho y dictado, muy poco se ha comprendido sobre lo mucho que la personalidad está constantemente calificando la misma atmósfera y condiciones alrededor de ella con las cosas que no quiere, mediante la creencia de que puede seguir teniendo cualquier tipo de sentimiento, expresar palabras de discordia, odio y limitación y no ser afectado por ello. Este concepto absurdo y falso de la humanidad ha llenado el mundo con toda clase de perturbaciones.

Ahora, esta Poderosa Luz Eterna está siendo liberada para enseñar a la humanidad el por qué el mundo externo está tan lleno de tragedias. Si yo les enseñara durante media hora cuánto egoísmo ha sido eliminado del mundo mental y emocional de la humanidad desde que estas clases del «YO SOY» empezaron, casi no podrían creer todo lo que se ha logrado en tan poco tiempo. Esto hubiese sido imposible a no ser por esta «poderosa radiación eterna de luz de la Gran Hueste de Maestros Ascendidos, desde el Gran Sol Central, los Maestros de Venus, el Observador

Silencioso (Ciclópea) y los Poderosos Dioses de las Montañas».

Todo esto ha hecho posible la realización por la cual la Legión de Luz y la Gran Hermandad Blanca han trabajado durante siglos. Este trabajo ha seguido sin interrupciones por 14.000 años. Los Grandes Ascendidos vieron el triunfo desde el comienzo, pero tuvieron la paciencia infinita de soportar la indocilidad de la humanidad y esperar siglo tras siglo, y ni aun así se tuvo ni un solo sentimiento ni un solo pensamiento de impaciencia o una idea como esta: «¿Por qué no cambia la humanidad?». Únicamente dentro del circuito del pensamiento humano entran los sentimientos de juzgar y de impaciencia.

Así que, ¡oh, querido estudiante de la Luz!, dile a toda apariencia limitadora discordante: Vete, impotente creación humana. Yo no te conozco, mi mundo está lleno solamente con la Poderosa Perfección de mi Poderosa Presencia «YO SOY». Yo te quito, apariencia sin sentido, todo poder para dañar o molestar. Yo camino desde ahora en la Luz de la Poderosa Presencia «YO SOY», en donde no hay sombras y estoy libre, por siempre libre.

Te digo, ¡oh, querido estudiante!, que no dejes de llenar tu mente, cuerpo, hogar, mundo y actividad con el «Poderoso Amor, con la Perfección y con la Actividad Inteligente de tu Poderosa Presencia YO SOY». Dirige a través de tu proyección consciente, como un gran cañón, la Poderosa Llama Violeta Consumidora, para que consuma todo lo indeseable e imperfecto de tu mundo de actividad. Califica esto de manera consciente con el Poder Pleno del Amor Divino en Acción; entonces podrás ver y sentir la gran belleza, felicidad y perfección que experimentarás a medida que avances. Yo te invito, con toda la ansia de mi Ser, a que llenes todo lo que esté dentro de la actividad de tus pensamientos y sentimientos con Amor, Opulencia y Logro Perfecto. Haz esta calificación con energía dinámica. Pon tras ello un gran sentimiento y seguridad y verás tantos cambios en tu mundo de actividad y ambiente que lo podrás casi comparar con el frotar de la lámpara de Aladino.

Cuando invocas a la Poderosa presencia «YO SOY» a la acción en tu Vida, ambiente y actividad, la lucha para. Lo indeseable se aleja, y la Presencia «YO SOY» entra, y descubrirás que te has adentrado en un nuevo mundo, pleno con la felicidad y la perfección que tú sabías que existía en algún sitio, dentro de tu corazón. Querido mío, no importa lo humilde que tu posición actual parezca ser, llamando tu Presencia «YO SOY» a la acción podrás transformar todo dentro de tu mundo y llevarlo con la Perfección que desees tener allí.

MUY IMPORTANTE

Entrénate para silenciar todo lo externo, aunque sea cinco minutos, tres veces por día. Al final de esa quietud, con toda calma ansiosa de tu Ser, invoca a la Poderosa Presencia «YO SOY» a la acción, y recibirás todas las pruebas del mundo que desees de la Presencia, Poder y Dominio de tu «Poderoso YO-DIOS».

El amado Maestro Jesús quiere que yo extienda su amor y seguridad de que Él enviará su esplendor especial a los estudiantes bajo esta Radiación durante todo el año. Él mandará su mensaje el Día de Año Nuevo. Este es el Mensaje de Navidad que la Hueste de los Grandes Maestros Ascendidos, la Legión de Luz y la Gran Hermandad Blanca te manda hoy.

Que tu corazón, ¡oh, querido estudiante!, se llene con la Presencia Eterna del Amor Divino y seas tú cargado con su presencia Activa. Deseo que tu esplendor se vuelva una actividad eterna y consumidora, dejando fuera todo menos la Luz Eterna de la Perfección. Yo cargo el mundo mental-emocional de la humanidad con esa presencia Activa y Eterna del Amor Divino, manifestando por doquier en los corazones y mentes del género humano. En el Nombre, en el Poder, en el Amor de esa Luz Eterna y perfección del Universo, yo libero la Llama Consumidora y Purificadora y la envío a toda la Tierra, liberando a la humanidad, controlando sus sentimientos y sosteniéndolos en la Presencia Gobernante y Perfección del Amor Divino, ahora y por toda la eternidad.

Con todo el Amor de mi ser.

SAINT GERMAIN

Capítulo XXXI
(Sermón de Jesús en el día de Año Nuevo)

Mientras desde la Altas Octavas de Luz contemplamos los avances del año pasado y entramos en su octava de actividad humana, vemos y sentimos el inmenso cambio que se ha generado en un año. Es algo verdaderamente muy alentador, y que garantiza la meta final de la liberación de la humanidad de las cadenas e impedimentos de su propia creación. Después de todo, es una pena que la humanidad no entienda que únicamente es ella misma la creadora de la limitación e inarmonía que existen.

En otra palabras, mediante la actividad descontrolada de lo externo, las personalidades se permiten recalificar de manera constante la Energía Perfecta, la Esencia Pura de la Poderosa presencia «YO SOY» propia, generando todo lo que es indeseable, cuando está dentro de sus capacidades el mantenerse armonizado para que la Perfección de la Inteligencia y la Energía fluya a través de la forma humana y no sea recalificada. Por ende, esta haría siempre su trabajo perfecto, no solamente perfeccionando la forma humana, haciendo que esta exprese la Perfección Divina, sino también dejando que la Pureza y la Perfección fluyan hacia el mundo del hombre, produciendo esa belleza, armonía y éxito que todo corazón desea.

Pregunta: ¿Por qué es que casi todo el mundo desea mayor Belleza, Perfección y Abundancia de toda cosa buena?

Respuesta: Porque es un reconocimiento interno del dominio dado por Dios a cada individuo, que todos pueden mantener en cualquier momento. Yo te aseguro, querido hijo de la Luz, que cada persona puede asegurar su dominio en cualquier momento solamente a través del reconocimiento y aceptación de su propia Poderosa Presencia «YO SOY», esto hace posible que esta Poderosa Presencia Invencible se vuelva La Poderosa Inteligencia Gobernante.

¿No ves, pues, que no hay obstáculo alguno para esta Poderosa Presencia, ni lucha o interferencia de ningún tipo? Es por esto por lo que la vieja afirmación bíblica tan repetida: «Aquiétate y ten presente que YO SOY Dios» puede ser convertida en un poder dinámico en la vida de todos. Este ser todavía significa el armonizar y silenciar la mente externa. El año pasado dirigimos la atención hacia muchas de las afirmaciones bíblicas, dando más explicaciones sobre el verdadero significado. Este año esperamos traerles una explicación más completa de todas las afirmaciones «YO SOY» empleadas a través de los siglos, para que la humanidad tenga la evidencia ante sus ojos de la Libertad y el Dominio que están dentro de su propia aceptación del alcance que tiene, aunque a veces no lo sepa.

Nos alegramos y agradecemos porque este año va a manifestarse un apoyo financiero muy grande para este trabajo, y así la Luz ilimitada y las Bendiciones serán traídas a la humanidad. En todas las Edades Doradas pasadas, cuando la Gran Luz de las Octavas Altas descendió a la Tierra envolviendo y disolviendo la creación humana que rodeaba a los individuos, estos fueron tan capacitados para alcanzar las Altas Octavas a través de la vista interna, oído y sentimiento, que sabían por experiencia propia la verdadera realidad y que la forma externa era únicamente el ropaje de esta Sabia y Suprema Inteligencia que la Poderosa Presencia «YO SOY» usó para encontrar expresión en la octava más densa, a la cual lo humano se había retirado.

Puedes tú, ¡oh, querido estudiante de la Luz!, siquiera por un momento darte cuenta del gran júbilo que esto trae a los corazones de la Hueste de los Maestros Ascendidos, que se han liberado de las mismas limitaciones humanas que tú estás viviendo ahora, a través del esfuerzo autoconsciente.

De la misma manera que estos amados mensajeros han conocido con plena certeza esta Libertad, igualmente un día la humanidad entenderá que todos pueden hacer el esfuerzo autoconsciente que se requiere para el reconocimiento y aceptación de esta Poderosa Presencia «YO SOY» y alcanzar así esta misma Libertad.

No permitas que ninguno de los queridos estudiantes cometa el error de creer que la Poderosa Presencia «YO SOY» actúa independientemente del esfuerzo propio autoconsciente de cada persona. Esto nunca es así y no puede hacerse así. Es cierto que después de que el discípulo ha alcanzado un cierto grado de avance, la Ley parece que empieza a actuar de manera casi automática, pero esto es únicamente porque un fuerte impulso ha sido establecido alrededor de esa persona. Quiero aclarar ahora que mientras no hayas ascendido no dejarás de hacer una aplicación consciente para tu propia Libertad.

Ahora repasaré algunas de estas sencillas —aunque todopoderosas, afirmaciones de la Verdad—, porque quiero que cada estudiante bajo esta radiación tenga una copia de esto, para que la lea a diario. A aquellos que hagan esto con fervor y conciencia yo les daré mi propia radiación individual para bendecirlos y ayudarlos en su Libertad.

El año pasado te pedimos que llenases tu mente, cuerpo, hogar, mundo y actividad con la Perfección de la Poderosa Presencia «YO SOY». Ahora, con tu permiso, yo te ayudaré, y también llenaré tu Ser y Mundo con esta «Poderosa Perfección y Abundancia».

Te ofrezco esta asistencia, ¡oh, querido estudiante! Que nadie sea tan tonto como para dudar, porque «YO SOY Jesús, el Cristo de Galilea, a quien tú has conocido por espacio de dos mil años, que te está dictando esta plática, ofreciéndote esta asistencia».

Quiero asegurarte, una vez más, que este trabajo de Saint Germain y mío es muy diferente a cualquier otra cosa dada al Mundo Occidental, porque en este trabajo no hay conceptos humanos ni opiniones. Esto no había sido posible anteriormente hasta que la Luz Visible y los rayos del Sonido pudieran ser establecidos, a través de los cuales pudieran ser ofrecidas la sabiduría y la Instrucción. Si tú, estudiante, puedes hacerte consciente de esto, ¡qué grande será tu bendición y beneficio!

La protección que ha sido dada a América y otras partes del mundo en el pasado ha trascendido todo lo que yo he conocido en mi experiencia. ¡Oh, si la humanidad pudiese entender todo esto, con qué agrado y gusto cooperaría ella a todo trance para mantenerlo! Así, esta Actividad Todopoderosa aumentaría.

Únicamente podemos llamar tu atención hacia la Verdad, hacia la Realidad, como nosotros la conocemos. Cuando seas capaz de aceptar esta Verdad plenamente y aplicarla en tu mundo y actividad, obtendrás toda la prueba necesaria en tu propia experiencia para ayudarte a conocer el Poder Pleno de la Verdad de la cual he hablado. La aceptación de esta Verdad, por parte de los discípulos, me ayudaría a llenar sus conciencias, y a llenar sus mundos con la actividad correspondiente. Aquellos que vacilen deberán esperar, porque la duda y el miedo son las dos puertas que todo ser humano tiene que atravesar para conocer y obtener su Plena y Completa Libertad. La llave que abre estas puertas es el Amor Divino en la propia aceptación de la Poderosa Presencia «YO SOY» individual, como la plenitud de este Poder del Amor Divino en acción.

La puerta hacia la Séptima Octava de luz está abierta para todos los queridos estudiantes bajo esta radiación, para que hagan una aplicación autoconsciente sincera y deseosa. Esto, mis queridos hermanos y hermanas, significa su Libertad. Podrán ustedes asirse a esto con todo el poder de su Conciencia «YO SOY» y ser libres.

Mientras yo estoy dictando estas palabras a los Mensajeros, a través de amplificadores que su mundo externo todavía no conoce, estas palabras y esta radiación están llenando el mundo mental y sensorial de la humanidad que comenzará a actuar de manera inmediata. Cuando los estudiantes e individuos tengan contacto con estas palabras, de vez en cuando encontrarán una respuesta inmediata que los ayudará a sentir la Verdad y la Realidad de lo que les digo.

¡Oh! Esta humanidad, que mediante los servicios religiosos de las iglesias está reconociendo mi Ascensión, ¿por qué no puede sentir la verdadera Realidad y saber que en mi Cuerpo Luminoso, Eterno, Ascendido, Yo puedo y alcanzo a todos aquellos que abran sus corazones hacia Mí? ¡Oh!, hijo de la Tierra, aprende a unir tu sentimiento de la Verdad con el reconocimiento de la Verdad que tú quieres manifestar en tu Vida. Entonces, tendrás la capacidad para alcanzar cualquier altura del avance en tu búsqueda de la Libertad.

«YO SOY la puerta abierta que ningún hombre puede cerrar.»

Tu Poderosa Presencia «YO SOY» es la Verdad, el Cambio y la Vida.

Tu Poderosa Presencia «YO SOY» es la Luz que ilumina a todo hombre que viene al mundo.

Tu Poderosa Presencia «YO SOY» es la Luz es la Inteligencia que te dirige, es tu energía Inagotable Sostendora.

Tu Poderosa presencia «YO SOY» es la Voz de la Verdad hablando dentro de tu corazón, es la Luz que te envuelve en su presencia Luminosa, es tu Eterno Cinturón de protección a través del cual ninguna creación humana puede pasar. Es tu Eterno Depósito de Energía inagotable que puede ser liberada cuando lo necesites, a través de tu descarga consciente.

Tu Poderosa Presencia «YO SOY» es la Fuente de la Eterna Juventud y Belleza, la cual llamas a la acción y expresión en tu forma humana.

Tu Poderosa presencia «YO SOY» es la Resurrección y la Vida de tu cuerpo, de tu mundo de acción, en esa Perfección que todo corazón humano tanto anhela.

Escucha, ¡oh, querido estudiante de la Luz! Cuando estás diciendo estas afirmaciones y «YO SOY» diciéndolas por ti, ¿no ves que no solamente lo estamos haciendo por nosotros mismos, sino también para el resto de la humanidad? ¿Que cuando estás decretando algo acerca y a través del «YO SOY» lo estás haciendo por toda la humanidad al igual que para ti? Así es como la aplicación y expresión del «YO SOY» se vuelve tan poderosa e inagotable en su actividad, y actúa por siempre más allá del reino del egoísmo humano. ¿Por qué? Porque tú estás pidiendo para todos los hijos de Dios la misma Perfección que estás llamando a la acción para ti mismo.

Esto es posible únicamente en el uso de las afirmaciones y aplicación del «YO SOY», porque el actuar dentro de la Presencia «YO SOY» los lleva de manera instantánea fuera de la actividad donde existe egoísmo humano. Esta es la razón por la cual el estudiante genuino y deseoso, que retire toda vacilación y miedo, se encontrará actuando dentro de una esfera de actividad positiva y definida que no conoce retraso o ausencia de éxito en cosa alguna. Por ende, ¡oh, querido!, ¿no ves cómo estás actuando dentro de un mundo de infalibilidad en donde tus decretos capacitarán el Pleno Poder del «YO SOY» para moverte a la acción, causando que toda la inarmonía y limitación humana se alejen?

Ahora te contaré el decreto que la Hueste de Maestros Ascendidos y estudiantes hicieron anoche en el Tetón Real: «La Libertad, Salud, Prosperidad y Acción Armoniosa se derramarán sobre el Mundo, como nunca antes se había experimentado en la Tierra».

Los discípulos que se unan a nosotros, usando este decreto prestarán un servicio que los bendecirá a través de los tiempos. Solamente porque América es la copa, el Santo Grial, hablamos primero de ella siempre. Todos debemos ser conscientes, sin lugar a duda, de que lo que bendice a América bendice a todo el mundo por igual.

Una actividad, una radiación, como nunca había sido conocida desde la cumbre de la Última Era Dorada de Atlántida, fue enviada desde el Cónclave en el Tetón Real, cuya descripción Saint Germain les dirá más tarde.

Te dejo la plenitud de mi Amor, Luz y Bendición, a ti y a toda la humanidad, para que la Luz dentro de tu corazón sea tan inmensa que no conozcas más impedimentos de ningún tipo, y para que esa Luz se vuelva tan poderosa que solamente Su Radiación consuma toda la creación humana acumulada a través del pasado o presente, liberando a todos por siempre.

Mi Amor los envuelve a todos por siempre.

JESÚS EL CRISTO
Conde de Saint Germain

Capítulo XXXII

Te sugiero que cada día, en diferentes momentos, pienses que eres una estación de radio que emite paz y buena voluntad a toda la humanidad. Debes saber que en esta Poderosa Conciencia, el poder ilimitado de la Poderosa presencia «YO SOY» fluye hacia cada individuo dándole aquello que ya está preparado para recibir, trayendo instrucción y decisión a todos. Debes ser consciente de que tu mente es un Centro Divino tan poderoso que en cualquier momento puedes tomar decisiones rápidas y acertadas a través del poder del Amor Divino. Admite que tu mente es únicamente un vehículo de la Gran Presencia Maestra de la Poderosa Presencia «YO SOY» dentro de ti y que tienes que obedecer a la Presencia Interna en todo momento. Ordénale que actúe siempre con decisión, atención y rapidez, y que todo rastro de incertidumbre humana desaparezca para siempre.

EL NUEVO CICLO

Hoy es el punto focal de diez mil años, el comienzo de otro ciclo de diez mil años en el cual los Grandes de Venus, quienes siempre han sido un instrumento en la elevación de la humanidad en nuestra tierra, están presentes en este día enviando a toda la humanidad una Poderosa Radiación. Esto traerá de manera más rápida una estabilidad y confianza mayores en los corazones de muchos dirigentes públicos, y hará que sientan un fuerte deseo de restablecer en el mundo la confianza y la prosperidad y hacer que ellos sientan un Amor más profundo y lealtad para su avance como nunca lo hubo antes. Muchos habrán aprendido que no pueden gobernar a la humanidad con mano de hierro, porque ven que el control que tanto han anhelado ganar sobre otros está volviéndose hacia ellos mismos para su redención. Se impedirá una gran calamidad si logramos que esta lección quede fuertemente grabada en ellos. En este período de aceleración se pueden lograr en dos décadas cosas que en otros tiempos hubiesen tomado cien años.

Descripción del Cónclave de Año Nuevo en el Tetón Real por Saint Germain, 1° de enero de 1935

Lleno de dicha les contaré brevemente algo de la actividad que se desarrolló anoche en el Tetón Real.

Estaban presentes doscientos catorce Maestros Ascendidos y los doce de Venus. El ojo Avizor tenía la acción más poderosa hasta hoy conocida.

Grandes Rayos de Luz fueron hechos permanentes en las principales ciudades de Europa, India, China, Japón, Australia, Nueva Zelanda, África y en las Tres Américas.

Además, se estableció una actividad o Radiación desde la Ciudad Dorada y Shamballa, instituyendo una Actividad Triple para bendecir la humanidad. Se está haciendo todo el esfuerzo posible para impedir cualquier tipo de actividad destructiva en el mundo.

La actividad de los tres pasados meses ha sido inmensamente alentadora, y tenemos grandes esperanzas para este año. Como respetamos siempre el libre albedrío de la humanidad, únicamente podemos confiar en su cooperación armoniosa con la Radiación Consciente que es enviada por la ya mencionada Actividad Triple.

Hubo emanaciones de Luz dirigidas por el Maestro Alto de Venus, Jesús, y el Gran Director Divino, como nunca antes había visto.

Aquellos que han estado al tanto de mis esfuerzos sinceros para la bendición de las Américas se unieron a mí ahora con todo el poder para lograr, en la medida de lo posible, todo aquello que la Ley Cósmica y la Ley del Individuo permitan. Las Leyes Cósmicas están dando cada día más libertad de actuación a esta actividad, lo cual nos produce gran alivio.

Anoche estuvieron presentes muchos estudiantes, y estoy profundamente agradecido por ello. Hay muchos detalles de la actividad que no puedo revelar en este momento, pero les aseguro a todos que cualquier descripción que pueda dar se queda pequeña.

La Gran Hueste de Maestros Ascendidos se une a mí en Amor, Luz, Bendición y Opulencia para con los estudiantes y el mundo, y que este año no tenga igual en cuanto a su felicidad para la humanidad.

En la plenitud de mi amor,

SAINT GERMAIN

ÍNDICE